Bischofsbrot
& Mozartkugel

Michael Bünker

Bischofsbrot & Mozartkugel

Von irdischen Süßigkeiten und himmlischen Wahrheiten

20 spirituelle Betrachtungen

:STYRIA

Inhalt

Einleitung

Der Himmel ist süß

Die Idee, typisch österreichische Süßigkeiten mit geistlichen Betrachtungen zu verbinden, mag wie eine gesuchte äußerliche Verbindung erscheinen. Doch das Thema der Süßigkeiten, des Süßen, berührt den Kern des christlichen Glaubens. Weihnachten, das Fest der Menschwerdung Gottes, ist geprägt von Süßem, vom Christbaumbehang bis zu den typisch adventlichen Bäckereien. Süßer die Glocken nie klingen! Gewiss wird das manchen zu viel, sie sehnen sich in all den Zuckerorgien von Advent, Weihnachten und Ostern nach Essiggurkerl, Knoblauchwurst und deftigem Geselchtem mit Kren und Senf. Aber auch Ostern, das größte und wichtigste Fest des Christentums, kennt süße Bäckerei und Schokoladeeier und den Goldhasen. Da steckt doch mehr dahinter, da gibt es doch einen tieferen Sinn. Diesem tieferen Sinn spüren die Beiträge in diesem Buch nach.

Als das Volk Israel aus Ägypten aufbrach, in die Freiheit, gerieten die Menschen in die Wüste, in die Leere, in die Kargheit und in den Mangel. Sie hatten Hunger und Durst. Sie sehnten sich zurück nach den früheren Zuständen. Nach den Fleischtöpfen des Pharao, nach den Fischen des Nil und den reichen Früchten der ägyptischen Gärten.
Die Peitsche war vergessen, an die Zwangsarbeit dachte niemand mehr. Je größer der Hunger, je tiefer die Wüste, umso schneller ging dieses Vergessen voran. Hunger macht vergesslich. Hunger macht hoffnungslos. Da lagen eines Morgens – so erzählt es die Bibel –

seltsame weiße Bällchen auf dem Wüstenboden. „Was ist das?“, fragten die Menschen. Manna? Was ist das? Sie sammelten die Bällchen, kosteten, probierten das Manna und ließen es sich auf der Zunge zergehen. Es schmeckte süß! Süß „wie Honigkuchen“ (Exodus 16). So speiste sie der Himmel, so stillte Gott ihren Hunger – mit geheimnisvoller Himmelsspeise, und die Himmelsspeise war süß. So blieb das Volk Israel seinem Weg treu, geleitet vom Versprechen Gottes, es in ein Land zu führen, in dem Milch und Honig fließen. Nach damaliger Vorstellung war damit alles Süße dieser Welt gemeint. Ein Schlaraffenland, wie es später genannt wurde, *Cucina*, das Honigkuchenland, vielleicht sogar mit Häusern aus süßem Backwerk, die der Himmel selbst baut.
Wie im Märchen vom Lebkuchenhaus, „Hänsel und Gretel“, wurden die, die davon aßen, selbst verwandelt in Kinder des Himmels. „Wer knuspert an meinem Häuschen?“, so fragt bekanntlich die Hexe, und die Kinder antworten: „Der Wind, der Wind, das himmlische Kind!“

Also schmeckt wohl der Himmel süß und alles, was vom Himmel kommt. Das belegen auch die Erfahrungen der Mystikerinnen und Mystiker, die ihren Glauben in einer besonders innigen Beziehung zu Jesus lebten. Wann immer der Himmel in ihr Leben fiel, zart wie eine Feder oder heftig wie ein Sturm, dann war dieser Geschmack auf ihrer Zunge: Süß, süßer als Honig, süßer als Zucker. Es war, so die Berichte, eine unbeschreibliche Süße, ein Verschmelzen und Aufgehen in einem sprachlosen Entzücken, das nur der Himmel bereiten kann. Es ist die *dulcezza* des Franz von Assisi, die fließende, schmelzende Gottheit der Mystikerinnen im Mittelalter, die die Seele mit einem süßen Gießen durchströmt, die *dulcedo*, die Süßigkeit der gottinnigen Frauen, die sich nicht mehr an das hielten, was ihnen die Priester, Mönche und Kardinäle zu glauben vorschrieben. Gott war wie Honig in ihren Herzen.

Nur selten fanden sie Fürsprecher, die ihre ekstatischen Erfahrungen in die Sprache der Theologie brachten. Einer davon war der Franziskaner Bonaventura, der meinte, der beste Weg Gott zu erkennen, sei die Erfahrung der Süßigkeit.

Steht das hinter den süßen Festen Weihnachten und Ostern? Die Sehnsucht nach dieser Erfahrung, nach dem Verschmelzen mit dem Göttlichen, das zugleich tief innen ist im Menschen und doch von ganz außen, von ganz oben kommen muss? Süß ist das Kind in der Krippe, in dem sich Himmel und Erde, Gott und Mensch vereinen. *In dulci jubilo*, in süßem Jubel, bis zu *Oh Jesulein süß!*

Auch Maria, das jüdische Mädchen aus Nazaret in Galiläa, wird durch diese Süßigkeit über sich hinausgehoben, dass sie zu singen beginnt: Meine Seele erhebt Gott!

Martin Luther, dem sonst nicht viel Feingefühl und

Verständnis für spirituelle Erfahrungen von Frauen zugetraut wird, hat das Magnifikat der Maria ausgelegt. Dabei weist er darauf hin, dass es Maria wie allen geht, die von göttlicher Süßigkeit durchströmt werden: Sie fühlt mehr, als sie sagen kann. Luther zitiert in diesem Zusammenhang Psalm 34,9, wo es heißt: „Schmeckt und sehet, wie süß der Herr ist" (später ist aus „süß" „freundlich" gemacht worden). Religion ist Geschmack, und zwar Geschmack fürs Unendliche, hat Friedrich Schleiermacher behauptet. Süß ist der Geschmack der Religion.

Kirche und Religion, Glaube und Frömmigkeit sind mittlerweile geprägt von der Aufklärung und der Ambivalenz der Moderne. Die Erfindung des Rübenzuckers und seine industrielle Herstellung haben die Welt der süßen Religion auf den Kopf gestellt. Plötzlich gab es Süßes im Überfluss, viel zuviel, und das Besondere und Seltene wurde zur Massenware. Bald war das Süße vom Teufel und das Schlaraffenland bestenfalls noch etwas für die Kinder, die sich an süßem Brei nicht satt essen können. Aber auch in die ungestörte süße Kinderwelt dringt der aufgeklärte Geist ein und macht das Süße mies und madig. Jetzt heißt es: Süß ist ungesund! Und schon werden die Schulbuffets auf gesunde Ernährung umgestellt. Was von den Menschen verlangt wird, ist nichts anderes als die Selbstvertreibung aus dem Paradies, weiterhin nach einem Gelobten Land zu streben, in dem allerdings nicht mehr Milch und Honig fließen, dafür aber alle gesund sind. Dieses Gesundheitsparadies verlangt dauernde Kontrolle, zuerst die der Lebensmittel in ihrer Zusammensetzung und Menge, die ständige Information über Schadstoffe und absolut ungefährliche Bezugsquellen, dann aber auch Kontrolle über den Körper, die Ess- und noch mehr die Nichtessgewohnheiten. Das Gesundheitsparadies der modernen Zeit steht auf Anti-Zucker-Kampagnen, die die Menschen immer neu nötigen, ihre Träume vom Himmel und dem Paradies aufzugeben. Wenn es stimmt, dass Zucker krank macht, dann bleibt letztlich nur die unerfreuliche Alternative zwischen einer hoffnungslosen Gesundheit und einem paradiesischen Kranksein. Sind nicht die erlaubten Süßigkeiten bei den christlichen Hochfesten ein Ausbruch aus dieser Alternative? Für eine angemessene Frist ist der Ausbruch aus den nüchternen Zwängen einer sogenannten gesunden Ernährung zulässig – wenigstens einmal im Jahr kann die Verschmelzung von Himmel und Erde Vorrang haben, selbst gegenüber der Kariesvorbeugung. Ähnliches gilt für die Urlaubszeit, denn auch sie ist eine „Probefahrt ins Paradies" (Wilhelm Wilms). Diese Zeiten mit Süßigkeiten zu verbinden ist eine Einladung: Komm, iss mit mir ein Stück vom Himmel!

Gott spricht zur Seele: „Sei du fromm und still, und birg deinen Kummer, wohin du kannst; dann mehrt sich in dir der Liebe Kraft. Nun sage ich dir, wo ich dann bin. Ich bin in mir selber an allen Orten und in allen Dingen, wie ich von je ohne Anfang war, und ich harre dein in dem Garten der Liebe und breche dir die Blume der süßen Einung und mache dir da ein Bett aus dem lieblichen Grase der heiligen Erkenntnis, und die lichte Sonne meiner ewigen Gottheit bescheint dich mit dem verborgenen Wunder meiner Wonne, davon du ein wenig heimlich hast kosten dürfen. Und da neige ich dir den höchsten Baum meiner heiligen Dreifaltigkeit, und du brichst dann die grünen, weißen, roten Äpfel meines milden Menschtums, und dann beschirmt dich der Schatten meines Heiligen Geistes vor aller irdischen Traurigkeit – dann kannst du nicht mehr denken an dein Herzeleid. Wenn du den Baum umfängst, lehre ich dich der Jungfrauen Gesang, die Weise, die Worte, den süßen Klang, den, die von der Unkeuschheit durchdrungen sind, allein von sich aus nicht verstehen können, aber sie alle werden einmal den süßen Wandel gewinnen."

Mechthild von Magdeburg (1212-1277)

Aida Bischofsbrot

Brot für die Herde oder Kuchen für alle?

Die Aida ist eine Wiener Institution ersten Ranges. 1925 gründete der aus Böhmen stammende Zuckerbäcker Josef Prousek die erste Konditorei unter diesem Namen, mittlerweile sind es beinahe dreißig Filialen, die vom Familienunternehmen geführt werden, und alle sind an der einheitlichen Tracht der Serviererinnen in der Farbe Rosarot erkennbar. Neben dem aufgrund seiner speziellen Mischung und Röstung unverwechselbaren Kaffee gibt es in der Aida eine Reihe von herausragenden süßen Köstlichkeiten, etwa den großartigen Schokomarmorgugelhupf und natürlich das Bischofsbrot.

Um dem Bischofsbrot auf evangelische Weise auf die Spur zu kommen, ist eine historische Erinnerung unerlässlich: Wie bei so manchen Einweihungen und Eröffnungen auch heute, war die erste evangelische Kirche, die Schlosskapelle in Torgau, bei ihrer Einweihung am 5. Oktober 1544 noch nicht ganz fertig. Es fehlten unter anderem die Sitzgelegenheiten. Keine Stühle, keine Bänke. Allerdings: Sitzgelegenheiten für alle waren in den Kirchen damals generell unüblich. Wenn, dann saßen der Priester, der Bischof und bei einer Schlosskapelle natürlich die fürstliche Familie in ihrer abgesonderten Empore wie der Bundespräsident beim Opernball in der Loge. Das gemeine Kirchenvolk konnte sich ruhig die Beine in den Bauch stehen. Genau das sollte in Torgau anders sein! Sitzgelegenheit für alle! Jeder und jede sollte Platz finden und Platz nehmen – ganz wie die adeligen Damen und Herren. Zumindest in der Kirche spielen Standesunterschiede keine Rolle.

Die Einweihungspredigt hält Martin Luther. Zunächst erinnert er daran, dass es im Grunde egal sei, wo das Wort Gottes verkündet wird, es sei am Brünnlein, unter einem Baum, in einer Hütte. Kann es nicht in einer Kirche geschehen, so geschehe es auf einem Platz, unter freiem Himmel, überall, wo Raum dazu ist. Nur heimliche Winkel will Luther nicht, die Botschaft des Evangeliums ist öffentlich und darf nicht ins Private abgedrängt werden. Dann gibt er die klassisch gewordene Definition dessen, was in einem evangelischen Gottesdienst geschieht:
„Es soll dies Haus dahin gerichtet sein, das nicht anderes darin geschehe, denn dass unser lieber Herr selbst mit uns rede durch sein heiliges Wort, und wir wiederum mit ihm reden durch Gebet und Lobgesang." Für evangelische Ohren klingt das mittlerweile

ganz selbstverständlich: Auch in der Kirche, auch zwischen Gott und Mensch ist die Wahrheit immer ein Gespräch und nie ein Diktat.

In der Torgauer Schlosskapelle gibt es keine Priesterbank und schon gar keinen Ehrenstuhl für den Bischof. Er sitzt unter den anderen. So wird schon an der Sitzordnung sichtbar, dass es nach evangelischem Verständnis keinen Unterschied gibt zwischen den Amtsträgern und dem sogenannten einfachen Kirchenvolk. Das Priestertum aller Getauften, aller Gläubigen – das ist die Parole der Reformation. Heute ist es um das Priesterinnentum aller Getauften zu ergänzen, denn mittlerweile ist es selbstverständlich, dass Frauen wie Männer alle Ämter in der evangelischen Kirche ausüben können. Durch die Taufe sind alle in gleicher Weise geweiht, zum Priester, Bischof, Papst. Um der äußeren Ordnung willen werden einige mit der besonderen Aufgabe betraut, die Gottesdienstfeier zu leiten, das Evangelium öffentlich zu verkündigen und die Sakramente – Taufe und Abendmahl – zu spenden. Der Bischof steht nicht über den Pfarrern, er ist Geistlicher wie diese, allerdings mit einem weiteren Zuständigkeitsbereich. Daher gibt es keine Bischofsweihe, sondern eine Einführung ins Bischofsamt. In den meisten evangelischen Kirchen werden die Bischöfe durch die Synoden gewählt (und können auch abgewählt werden). Das Bischofsamt besteht im Unterschied zur römisch-katholischen Kirche nicht *iure divino*, nach göttlichem Recht. Es ist eine Form, die grundlegenden Aufgaben der Kirchenleitung zu gestalten. Andere Formen sind die Synoden und die kollegialen Leitungsorgane in den evangelischen Kirchen. In allen Aufgaben hat der Bischof / die Bischöfin nach dem Prinzip *sine vi sed verbo*, ohne rechtliche Gewalt, allein durch die Macht des Wortes zu agieren.

Bischofsbrot – ist das grammatikalisch ein *genitivus objectivus* oder ein *genitivus subjectivus*? Im ersten Fall wäre es das Brot für den Bischof, extra fein gebacken und mit besonderen Zutaten versehen. So nach dem Motto: Brot für die Herde, Kuchen für den Hirten? Das entspräche nicht dem evangelischen Verständnis, von dort wäre es nicht weit zum Ehrenstuhl. Es bleibt der zweite Weg, der genitivus subjectivus. Bischofsbrot ist demzufolge das Brot, das der Bischof oder die Bischöfin austeilt und gibt, vielleicht ist es einfach der Geschmack, den sein oder ihr Wirken in der Kirche verbreiten soll. Ins Bischofsbrot gehören Rosinen, Zitronat und Aranzini, manchmal auch Mandeln oder Walnüsse, in der Original Aida-Rezeptur auch Haselnüsse. Alles wird in einem Teig aus Ei, Zucker und Mehl gebacken.

Zwei Dinge fallen am Brot des Bischofs auf: Einmal die exotische Herkunft der Zutaten, die sich mit den angestammten Bestandteilen des Teiges vermischen. Haben nicht auch der Bischof und die Bischöfin stets den Blick der Kirche zu weiten über den Rand des jeweils eigenen Bereiches hinaus? Und müssen sie nicht gleichzeitig die Einflüsse des Fremden und manchmal Ungewohnten mit dem Vertrauten versöhnen? Auch die Verbindung der Gegensätze, wie etwa des Zuckers mit den Schalen der sauren Früchte, schmeckt nach der verbindenden und nicht spaltenden bischöflichen Funktion. Das Zweite ist die angemessene Vielfalt. Eine gute Handvoll unterschiedlicher Geschmacksnuancen gehört zum Bischofsbrot dazu. Aber das bedeutet keine Beliebigkeit und ist kein Kotau vor einem dann und wann geradezu verteufelten postmodernen Relativismus. Das Brot des Bischofs ist versöhnend, aber nicht nivellierend, es ist verbindend, aber kein Einheitsbrei.

Unser Herr Gott gönnt uns gern, dass wir essen, trinken und fröhlich sind und alle Kreaturen brauchen, denn darum hat er sie ja alle geschaffen. Er will nicht haben, dass wir klagen, er habe uns nicht genug gegeben, er könne unsern armen Madensack nicht ernähren und füllen, dass wir ihn als unsern Gott erkennen und ihm für seine Gaben danken.

Martin Luther

Die Mozartkugel von Fürst

Das Echte und das Originale

Mozartkugeln gibt es wohl auf der ganzen Welt. Kann man sich einen Duty-free-Shop auf irgendeinem Flughafen vorstellen, auf dem es diese dreifältige runde Köstlichkeit aus Marzipan, Nougat und Schokolade nicht gibt? Eine ganze Reihe der großen Süßwarenhersteller haben Mozartkugeln in ihrem Sortiment. Sie sind global und universal. Und doch hat sich gerade um die Mozartkugel ein jahrelanger Streit um die Bezeichnung entsponnen. Welche ist die echte? Welche darf sich nach Salzburg nennen? Welche verdient die Bezeichnung „original“?

Echt oder original? Hinter dieser Frage steht die Frage nach der wahren Identität. Es ist nicht nur ein Problem für die Produktnamen in der weltweiten Marktwirtschaft, sondern eine zutiefst menschliche Frage. Was ist der Mensch? In Zeiten der fortschreitenden Machbarkeit bekommt diese Frage eine bisher ungekannte und bedrängende Brisanz. Menschliches Leben ist reproduzierbar, es ist dem Zugriff durch genetische Eingriffe ausgesetzt, an seinem Anfang und seinem Ende stellen sich mit den Stichworten von „Sterbehilfe" und „Sterbebegleitung" ethische Herausforderungen von brennender Aktualität. Auch wenn in Einzelbereichen unterschiedliche Antworten gegeben werden, sind sich die christlichen Kirchen darin einig, dass das menschliche Leben und damit letztlich der Mensch selbst nicht durch technische Machbarkeit und ökonomisch definierte Nützlichkeit in Frage gestellt werden dürfen. Was ist der Mensch? Zuerst einmal – so die jüdische und christliche Tradition – ein Geschöpf Gottes. Gott schuf den Menschen zu seinem Bild, heißt es im Buch Genesis. In dieser Gottebenbildlichkeit wurzelt für den christlichen Glauben die unveräußerliche und unantastbare Menschenwürde. Im Geschaffensein ist auch begründet, dass jeder Mensch unverwechselbar und einmalig ist. „Ich habe dich bei deinem Namen gerufen, du bist mein", so spricht Gott beim Propheten Jeremia. Also: Jeder Mensch ist ein Original, keine Kopie, weil jeder durch Gottes Schöpferwillen ins Leben kommt. In dieser Überzeugung liegt begründet, dass christliche Kirchen vor der Gefahr des Klonens, des künstlichen Vervielfältigens von menschlichem Leben ihre mahnende Stimme erheben und eindringlich warnen.

Die universal verbreiteten Mozartkugeln, auch wenn sie „echt" sind, was ihre Zusammensetzung betrifft, sind in vielfältiger Markenidentität verbreitet. In gewissem Sinn ist die Mozartkugel die süße Veranschaulichung der multiplen Identität mit der Botschaft: Wir sind viele, wir sind austauschbar, wir sind nicht mehr zu unterscheiden. Sie gehören damit zu anderen globalen Marken, zu Coca Cola und McDonald's.

Woher kommt diese universale Austauschbarkeit? Vermutlich liegt der Ursprung in der Erfindung des Münzgeldes im 6. Jahrhundert vor Christus. Eine Theorie besagt, dass damit nicht nur der Handel erleichtert und entgrenzt wurde, weil es ein für alle Waren und alle Orte gültiges Tauschmittel, eben das Geld, gab, sondern dass der Ursprung des Münzgeldes im Kult an den Tempeln zu finden ist. Nicht mehr reale Opfergaben, Tiere, Getreide und anderes mehr, wurden zum Tempel gebracht, sondern gleichsam als Ersatz eine Münze. Oft trugen die Münzen noch das Bild dessen, wofür sie stehen, eine Getreidegarbe oder einen Rinderkopf. Das lateinische Wort für Geld, *pecunia*, erinnert an diesen Ursprung, es steckt *pecus*, „das Vieh" drinnen. Heute erleben wir, wie sich das Geld zu Kapital entwickelt, anscheinend selbst vermehrt und „arbeitet" und Zug um Zug den Kontakt zur Realwirtschaft verloren hat. Die anhaltende Krise des Banken- und Finanzwesens und vor allem die katastrophalen Folgen für die reale Wirtschaft, die sozialen Zusammenhänge, die natürlichen Ressourcen treten deutlich zutage. Ist dieser Tiger zu reiten?

Immer wieder hat es Menschen und Gruppen gege-

ben, die sich der Logik des Geldes verweigerten. Einer davon war Jesus von Nazaret. Er trägt keine römische Steuermünze bei sich, er zahlt offenbar auch keine Steuer an den Tempel, er vertreibt die Geldwechsler und Händler aus dem Tempel, und als die Jünger für die 5.000 Hungrigen Brot kaufen wollen, untersagt er ihnen den Einsatz des Geldes und befiehlt stattdessen: „Gebt ihr ihnen zu essen!"
Geld ersetzt Beziehungen, es macht aus jeder Gabe eine Ware. Gott aber schafft den Menschen zu seinem Bild, also in Beziehung und zur Beziehung. So ist der Mensch ein Original Gottes, berufen, sich durch seine Arbeit und Kreativität an der Schöpfung zu beteiligen und befähigt zur selbstlosen, von Interessen und Hintergedanken freien Beziehung zu Gott, zu den Mitmenschen und zu sich selbst. Diese freie Beziehung nennt die Heilige Schrift „Liebe".

Die Mozartkugel wurde von Paul Fürst, Konditormeister in Salzburg, im Jahr 1890 erfunden. Runde Marzipankerne, mit Nougat umhüllt, wurden auf Holzspießchen gesteckt und in Schokolade getunkt. Heute noch erzeugt der Urenkel des Gründers, Norbert Fürst, die Kugeln nach dem alten, von Generation zu Generation überlieferten Rezept. Nach langem Rechtsstreit mit anderen Herstellern ist rund hundert Jahre nach der Gründung entschieden worden, dass Mozartkugeln die Bezeichnung „Salzburg", „Austria" und sogar „echt" tragen dürfen. Aber „original" ist nur die Mozartkugel von Fürst. Sie gibt es nur in Salzburg.

Offensichtlich gehört zur Originalität auch eine gewisse räumliche Begrenzung. Original ist ein Produkt, dem die Herkunft anzumerken ist. Originalität, Ursprünglichkeit widersetzt sich dem Trend, alles und jedes zu globalisieren, sie ist und bleibt herkömmlich im positiven Sinn des Wortes. So auch der Mensch: Er verträgt nicht allzu viel an Globalisierung (Rüdiger Safranski), er ist tief misstrauisch gegenüber der schrankenlosen Reproduzierbarkeit und Kopierbarkeit des Lebens, er lebt im Bewusstsein der Herkömmlichkeit aus der Schöpfung Gottes. Gerade diese Herkömmlichkeit erschließt für den Glauben die Zukunft, wenn das Reich Gottes schon hier und jetzt das Leben und das Mitein-ander prägt.
Wer die Original Mozartkugel genießen möchte, muss nach Salzburg fahren. Wie das Original „Mensch" eine Gabe des Schöpfers ist und nie zur Ware werden darf, würde auch der Original Mozartkugel der Charakter der Gabe eher stehen als der käuflichen Ware. Aber noch ist die Erlösung der Welt nicht sichtbar, daher mag es als Zugeständnis an die Vorläufigkeit durchgehen, dass in der Konditorei Fürst mit Geld oder Kreditkarte gezahlt werden kann. Wenn die Mozartkugel auf der Zunge zergeht, ist alles Vorläufige vergessen.

Jesaja 43,1-3: Und nun spricht der HERR, der dich geschaffen hat, Jakob, und dich gemacht hat, Israel: Fürchte dich nicht, denn ich habe dich erlöst; ich habe dich bei deinem Namen gerufen; du bist mein! Wenn du durch Wasser gehst, will ich bei dir sein, dass dich die Ströme nicht ersäufen sollen; und wenn du ins Feuer gehst, sollst du nicht brennen, und die Flamme soll dich nicht versengen. Denn ich bin der HERR, dein Gott, der Heilige Israels, dein Heiland.

Ohne Gott bin ich ein Fisch am Strand,
ohne Gott ein Tropfen in der Glut,
ohne Gott bin ich ein Gras im Sand
und ein Vogel, dessen Schwinge ruht.
Wenn mich Gott bei meinem Namen ruft,
bin ich Wasser, Feuer, Erde, Luft.

(Jochen Klepper)

Wiener Zuckerl

Die bittere Geschichte Österreichs

Allein die Tatsache, dass auf dem Wiener Zuckerl „Wiener Zuckerl“ draufsteht, ist ein sicherer Hinweis darauf, dass diese Süßigkeit zwar typisch für Wien und Österreich ist, aber nicht aus Wien stammt. Niemand würde in Wien zu einem Wiener Zuckerl „Wiener Zuckerl“ sagen. So heißen auch die allgemein als „Wiener“ bekannten Würstel in Wien selbst „Frankfurter“.

Die „Wiener Zuckerl“ gehören heute einer Firma in Westfalen, der Firma Storck, sie sind also in die Gesellschaft von Dickmanns, Werthers, Toffifee und Nimm2 geraten. Hergestellt werden sie aber auch nicht in Deutschland, sondern in der Tschechischen Republik. Typisch für die verschlungenen Zusammenhänge der heutigen Ökonomie im zusammenwachsenden Europa und der Welt unter dem Stichwort der Globalisierung.

So sind die Wiener Zuckerl – wie vieles andere auch – ihrer Herkunft beraubt, gleichsam heimatlos geworden und heute nach Herstellung und Vertriebsort eher EU-Zuckerl. Dennoch hat es mit ihnen eine besondere, sehr österreichische Bewandtnis: Früher und in Wien hießen sie „Heller Zuckerl", benannt nach der Unternehmerfamilie Heller. Es wird kaum jemanden in Österreich geben, der oder die nicht wüsste, was Heller Zuckerl sind. Unverwechselbar nach Verpackung, Form und den vielfältigen Geschmacksrichtungen, haben sie sich tief und fest ins kollektive Gedächtnis Österreichs eingeprägt.

Die Familie Heller stammte aus dem der alten Donaumonarchie benachbarten Polen, aus der Warschauer Gegend. Die Familie kam im neunzehnten Jahrhundert nach Wien, so wie rund 150 000 andere Jüdinnen und Juden aus Galizien, Polen, der Bukowina, der Ukraine und allen anderen Ländern Osteuropas auch. Die Stadt befand sich in rasantem Wandel, die wirtschaftliche Entwicklung, die Zuwanderung, die Bautätigkeit und die Kultur machten aus Wien eine europäische Metropole ersten Ranges. Ersten Ranges war allerdings auch der Antisemitismus der Stadt, gefördert und aktiv betrieben von höchster Stelle. Es war das Wien der Christlichsozialen und der Deutschnationalen, unter denen der Antisemitismus weit verbreitet war. Die Wortführer waren die Chefs der beiden Parteien, einmal Georg Ritter von Schönerer und dann – bei weitem wirkungsvoller – der Bürgermeister Karl Lueger, der gesagt haben soll: „Wer a Jud' ist, bestimm' ich!". Es blieb nicht bei den Worten, bei beiden Herren ging ein junger arbeitsloser Kunstmaler in die politi-

sche Schule, Adolf Hitler. In Wien lernte er, wie mit Stimmungen Stimmen gemacht werden und was der Antisemitismus politisch vermag.
Mit dieser Situation musste die zugewanderte Zuckerbäckerfamilie Heller zurecht kommen. Es kam ihr zugute, dass sie mit der Erfindung von Dragees, eben den Heller Zuckerln, ihr Vermögen machen konnte. Das Firmenimperium umfasste Tausende Mitarbeitende und hatte Filialen selbst in Lissabon und New York. Die Mitglieder der Zuckerldynastie Heller bewegten sich in den Kreisen der Berta von Zuckerkandl, von Arthur Schnitzler, Sigmund Freud und anderen, eine persönliche Freundschaft gab es zu Franz Lehàr. Die Familie erlebte Wien und den Assimilationsdruck, für den diese Stadt berüchtigt war und in gewisser Weise bis heute ist. In Wien heimisch werden hieß deutsch sprechen und katholisch beten lernen. Nicht wenige der Jüdinnen und Juden, die sich zur Konversion zum Christentum entschlossen oder dazu gedrängt sahen, entschieden sich, der evangelischen Kirche beizutreten.

Das Jahr 1938 zeigte schlagartig, dass alle Anpassung nichts genützt hat. Der Firmeneigentümer und Unternehmer Heller, der selbst katholisch war und ein Anhänger des österreichischen Ständestaates, und seine „arische" Frau trennten sich. Er ging ins Exil, zuerst nach Paris, übrigens gemeinsam mit Joseph Roth, dann nach 1940 weiter nach London. Nach dem Krieg kam er zurück und den beiden Eheleuten wurde noch ein Kind geboren, der Sohn Franz Andreas, der sich dann später André nannte. André Heller, der „Selbst- und Sensationsdarsteller", wie ihn *Der Spiegel* einmal nannte. Mit 18 Jahren legte er durch Eintragung in seinem Reisepass den Beruf fest: André Heller, Poet. Liedermacher, Chansonnnier, Theatermacher, Schriftsteller, Zirkusdirektor, Tausendsassa der Phantasie und eine der wichtigsten Figuren in der Zivilgesellschaft in Österreich. Er hat das legendäre Lichtermeer maßgeblich mitorganisiert, die Plattform „SOS Mitmensch" mitbegründet und damit dem damaligen Antiausländer-Volksbegehren von Jörg Haiders FPÖ ein deutliches Zeichen des Widerstands entgegen gesetzt und so mitgeholfen, dass dieses Volksbegehren nur einen sehr mäßigen Zuspruch fand. André Heller und Wien verbindet ein spannungsvolles Verhältnis, das Wort Hassliebe ist zu abgedroschen dafür. „Wenn ich ein Zündholz bin", meinte er einmal, „dann ist Wien meine Reibfläche". Wien, so heißt es in einem seiner Lieder, ist ihm ein „Taschenfeitl unter einem Himmel aus Marzipan".

Ist das nicht typisch für Österreich und Wien? Hinter einer kleinen, ganz harmlos aussehenden und auch nicht spektakulär schmeckenden Süßigkeit verbirgt sich die Geschichte von Zuwanderung, Assimilation, Vertreibung, bis hin zur Vernichtung. Quasi ein Zuckerl für den Weg dieses Landes in die größten Verbrechen. Diese Geschichte wurde erst sehr spät offen angesprochen und ist auch längst nicht ganz aufge-

arbeitet, sofern es das überhaupt je geben kann. Heute sind es die Ablehnung der Zuwandernden, die Islamfeindlichkeit und rassistische Vorurteile, mit denen politische Stimmung gemacht wird.
Das „Wiener Zuckerl" steht für einen anderen Umgang, es steht für faire Chancen für Zuwandernde, für Integration statt Anpassung und ein respektvolles Miteinander in aller Vielfalt. So vielfältig, wie die Geschmacksrichtungen des Zuckerls sind.

Tischgebet des Kindes, das die übrigen Kinder bedient:
Allmächtiger Vater! Du regierst alle deine Geschöpfe und hältst sie in deinen Händen. Du erhältst die Vögel in der Luft und gibst ihnen Nahrung. Durch deine Fürsorge werden auch die Fische im Wasser ernährt. Alle Tiere der Erde, alle wilden, leben und wandern durch dich an ihrem Ort. Zum Frühlingsbeginn kriecht die Schlange aus ihrem Loch, die sich den Winter über in der Erde erhalten hat. Was soll ich die Würmer, die kleinen Tiere der Erde, aufzählen? Im Eisen, in Steinen, im Gras, im Leib und im Kot.
Siehe, das kleine Häuflein ruft dich beim Essen an und lobt dich, Gott, mit seinem unmündigen Mund. Du machst, dass dir gehört, was von dir geschaffen wurde. Die von deiner gnädigen Hand ernährt werden, denen wollest du ein gnädiger Vater sein.

Philipp Melanchthon

Manner Schnitten

Die Kirche als Markenzeichen?

Am 18. Juli 1939 gelang dem kleinen Fritz Mandelbaum mit seinen Eltern die Flucht aus Wien. Irgendwie war es gelungen, die nötigen Visa für England zu erlangen und die Bedingungen für die Ausreise zu erfüllen. Am Tag der Abreise wartete ein Wagen vor der Türe, um die Familie von der Wohnung, die nun „arisiert" werden würde, zum Bahnhof zu bringen. Im Flur des Hauses wartete die Hausmeisterin. Eine Hausmeisterin, bitteschön, ist eine ehrwürdige Wiener Institution! Im Unterschied zu vielen anderen Wienerinnen und Wienern freute sich diese Hausmeisterin nicht über die Abreise der jüdischen Familie. Sie gab dem kleinen Fritz zum Abschied ein Päckchen mit, das dieser in der Eile achtlos in die Manteltasche steckte. Wochen später, als er mit seinem Vater zum x-ten Male irgendein Büro in London aufsuchen musste, um sich als „friendly alien" registrieren zu lassen, ertastete er das Päckchen und zog es hervor. Es waren – Manner Schnitten. Und sie schmeckten dem kleinen

Buben im Exil frisch und knusprig wie am ersten Tag, und natürlich schmeckten sie nach Wien. Aus Fritz Mandelbaum wurde Frederic Morton, Essayist und Konditor aus New York.

Die Manner Schnitte ist eine Wiener Institution wie die namenlose Hausmeisterin. Es ist tröstlich, dass es auch in einer schnelllebigen Zeit, in der liebgewordene und vertraute Einrichtungen von heute auf morgen verschwinden und Traditionen zerbröseln, Dinge gibt, die bleiben.
Für Wien ist das zum Beispiel der Heurige, weil ein Spritzer – also eine Wein-Sodawassermischung, die man in Deutschland „Schorle" nennt –, ein „Spritzer hat immer Saison". So heißt es in der Werbung. Soletti, kleine salzige Stangerln, „sind immer dabei" und dann die Manner Schnitte, ebenso kurz wie einprägsam: „Manner mag man eben".

Es sind fünf Lagen Waffeln und vier Lagen mit Haselnusscreme, die Maße seit mehr als hundert Jahren unverändert: 47 mal 17 mal 17 Millimeter. Erfunden wurde die Süßigkeit von Herrn Josef Manner, einem gelernten Kaufmann, der auf Schokoladehandel umgestiegen war.
1898 war es soweit: die Manner Schnitte entstand. Die Waffeln wurden gebacken, die Haselnusscreme bereitet. Die Haselnüsse stammten aus der Gegend von Neapel, daher auch der ursprüngliche Name Neapolitaner für die Schnitten. Folgerichtig müssten sie heute

eigentlich Türkische heißen, denn die Haselnüsse kommen heute aus der Türkei. Die ausgekühlten Waffelblätter wurden mit der Creme bestrichen, der Block wurde mit der Handsäge geschnitten. Daher der Name „Schnitte".
Da 1898 der Kaiser fünfzigstes Thronjubiläum feierte, hießen sie auch Jubiläumsschnitten. Zum Feiern hatte Franz Joseph allerdings wenig Anlass, im selben Jahr wurde seine Frau, Kaiserin Elisabeth, die sogenannte Sisi, am Ufer des Genfer Sees vom italienischen Anarchisten Lucheni ermordet. Bei seiner Verteidigung zitierte er übrigens zur Rechtfertigung seiner Untat die Bibel: Wer nicht arbeiten will, der soll auch nicht essen! (2. Thessalonicher 3,10). So ist das in Wien und in Österreich: Immer ist irgendwie eine Katastrophe dabei.

Nun aber zurück zur Manner Schnitte. Neben der Fabrik im 17. Bezirk, in der Wilhelminenstraße, wo rund 3000 Leute beschäftigt waren, hatte Josef Manner ein Geschäftslokal in der Stadt, also im ersten Bezirk, am Stephansplatz Nummer 6. Vom Portal des Ladens sah er auf den Stephansdom. So mag er auf die Idee gekommen sein, ein Bild des Doms auf die Packung seiner Schnitten zu geben. Gesagt, getan. Seither – bis heute! – trägt die Firma Manner die Kosten für einen Steinmetz der Dombauhütte für das Recht – als einzige Firma! –, das Bild des Doms als geschütztes Markenzeichen zu verwenden.

Was heißt das, die Kirche als Markenzeichen? Aus der Wirtschaft ist uns geläufig, wie wichtig und aufwändig es ist, eine Marke zu platzieren. Markenprodukte haben die Regale erobert und steuern den Konsum. Die Marke steht für das Produkt. Verbürgt Qualität, Kontinuität, ist ihren Preis wert. Markenprodukte werden nachgemacht. So sehr sind die Lebensverhältnisse schon von der Ökonomie dominiert, dass auch das Ich eine Marke werden soll. Gestalte dich selbst, inszeniere dich, mache dich unverwechselbar durch Design – so lautet die Botschaft des Marktes an die Ich-AG's.
Ist die Kirche eine Marke? Braucht sie eine? Soll, ja kann sie eine sein? Mancherorts gibt es Bemühungen, die Kirchen nach unternehmerischen Prinzipien umzugestalten. Kundenorientiert soll sie sein, ihr Kerngeschäft betreiben, dazu effektiv in Verwaltung und Mitteleinsatz und natürlich zielorientiert, dabei schlank in der Bürokratie bis hin zur organisatorischen Magersucht. So berechtigt es ist, auch die Kirche unter dem Gesichtspunkt des Managements zu betrachten, so sicher findet das seine Grenzen.

Die Kirche ist kein Unternehmen, sie ist der Leib Christi. Die Tatsache, dass sich die Kirche in einer Situation religiöser Pluralität befindet, auf einem „Markt" unterschiedlicher Anbieter von religiösen und spirituellen Angeboten aller möglichen und unmöglichen Arten, ist eine Tatsache. Aber aus dieser Tatsache ist nicht zwangsläufig die Forderung abzuleiten, dass sich die Kirche auch marktkonform verhalten müsste. Für welches „Produkt“ steht die Marke Kirche? Die frühere Bischöfin von Hannover und Ratsvorsitzende der Evangelischen Kirche in Deutschland, Margot Kässmann, hat das einmal sehr treffend auf den Punkt gebracht: Wo evangelisch draufsteht, muss das Evangelium drinnen sein. Das Evangelium, also die Botschaft von der freien, unverdienten, geschenkten Gnade Gottes in Jesus Christus ist nichts, was auf einem Markt gehandelt oder getauscht werden könnte. Das Evangelium ist eine Gabe, keine Ware.

So schließt sich der Kreis: Wie dem kleinen Fritz Mandelbaum von der weisen Hausmeisterin das Packerl Manner Schnitten gegeben wurde, wie ein sakramentales Zeichen für ein Leben, das gehalten und beheimatet ist, so erleben Christenleute am Tisch des Herrn, dass ihnen alles gegeben ist, was das Leben hält und trägt.

Apostelgeschichte 2,44-47: Alle aber, die gläubig geworden waren, waren beieinander und hatten alle Dinge gemeinsam. Sie verkauften Güter und Habe und teilten sie aus unter alle, je nachdem es einer nötig hatte. Und sie waren täglich einmütig beieinander im Tempel und brachen das Brot hier und dort in den Häusern, hielten die Mahlzeiten mit Freude und lauterem Herzen und lobten Gott und fanden Wohlwollen beim ganzen Volk. Der Herr aber fügte täglich zur Gemeinde hinzu, die gerettet wurden.

Sportgummi

You'll Never Walk Alone

Mit dem Sportgummi, schon das Bild auf dem Sackerl zeigt es, führt der Weg ins Fußballstadion. Sportgummi ist eines der bekanntesten Produkte der traditionsreichen Firma Egger. Die Nascherei ist ein Fruchtgummi, komponiert aus Stärke, Traubenzucker, Vitaminen, Kochsalz und Aromen.

Die Firma Egger wurde im Jahr 1870, also in der Gründerzeit, ins Leben gerufen. Bald überzeugte sie durch die hohe Qualität ihrer Produkte und wurde – ein typisch österreichisches, beinahe unvermeidliches Schicksal – zum „Kaiserlichen und Königlichen Hoflieferanten" geadelt. 1938, nach dem sogenannten „Anschluss", wurde die Firma unter kommissarische Verwaltung gestellt. Erst 1948 kam sie an die ursprünglichen Besitzer zurück. Die Produktion wurde wieder aufgenommen und beständig den Anforderungen der Zeit angepasst. Heute sind die meisten Süßigkeiten von Egger und anderen Firmen natürlich biologisch und zuckerfrei.

Fußball und Religion – das ist ein weites Feld. Offenkundig sind die Ähnlichkeiten von den Gesängen, den Ritualen und Symbolen, bis hin zur gemeinschaftsbildenden Kraft der Fangemeinden. Das Spiel selbst erinnert an den religiösen Ursprung.
Immer bei großen internationalen Anlässen wird der Zusammenhang zwischen Sport und Religion deutlich, bei diesen Großereignissen kann man von einem „Kirchenjahr des Sports" sprechen. Dazu gehören Wimbledon, die Tour de France, die Superbowl, die Olympischen Spiele im Sommer und im Winter, der America's Cup, das Finale der Champions League, Fußball-Europa- und Weltmeisterschaften und noch andere mehr. Für Helmut Qualtingers und Gerhard Bronners „Travnicek" war es Simmering gegen Kapfenberg, mit der legendären Beschreibung „das ist Brutalität", für viele Wiener und Wienerinnen ist es das Stadtderby zwischen Rapid und Austria. Alle heiligen Zeiten, in den heiligen Jahren, immer wieder kommt es zum Höhepunkt, zum Fest.

Die Fans drücken ihre Leidenschaft und Treue zu einem Verein explizit in religiösen Metaphern aus. Dafür seien nur drei Beispiele genannt: „Rapid ist meine Religion" ist da noch ein eher harmloses Bekenntnis, die Fans von Borussia Dortmund haben „BVB – der Sinn des Lebens" auf ihren Schals stehen, und die Gelsenkirchener meinen gar, sie seien „geboren, um für Schalke zu sterben". Apropos Schalke: Ein besonders aussagekräftiges Beispiel für die Verbindung von Fußball und Religion ist die Kapelle, die sich im Stadion, der „Arena auf Schalke" befindet. Hunderte Trauungen, noch mehr Taufen, haben dort in nur wenigen Jahren stattgefunden. Aber angeblich ist die Kapelle geschlossen vor dem Ankick, damit niemand auf den missbräuchlichen Gedanken kommen mag, dort drinnen für den eigenen Sieg beten zu wollen. Gott ist vereinsfrei, das ist eine wichtige Erinnerung, die die Kirchen wach zu halten haben. Gott passt auch in keinen Nationaldress. So wacht etwa die FIFA mit Argusaugen darüber, dass die Spieler keine religiösen, politischen oder persönlichen Botschaften auf ihrer Kleidung tragen. Gerade weil die Zahl der offen religiös motivierten Spieler zunimmt, vom Katholiken Cacau bis zum Moslem Franck Ribéry. Auf dem Spielfeld ist Zurückhaltung angesagt, ein Kreuzzeichen beim Einlaufen aufs Spielfeld, ein dankbarer Blick zum Himmel nach dem Torschuss, mehr soll nicht sein.

Gerade die Fangesänge haben offen religiöse Implikationen. Der bekannteste ist wohl „You'll never walk alone". Die Schlusszeilen lauten:

Walk on, walk on,
with hope in your hearts,
and you'll never walk alone.

Das Lied wurde ursprünglich von Richard Rodgers und Oscar Hammerstein 1945 für das Musical *Carousel* (die über den Atlantik gereiste Fassung des urwienerischen, also eigentlich urbudapesterischen *Liliom*...) geschrieben und kurz darauf in der Interpretation von Frank Sinatra populär. Es gehörte, gesungen von „Gerry and the Pacemakers", zum festen Repertoire an Liedern, mit denen die Fans des FC Liverpool im Stadion an der Anfield Road immer vor Spielbeginn unterhalten wurden. Als im Jahr 1964 die Lautsprecheranlage gerade bei diesem Song ausfiel, sollen die Fans von sich aus das Lied weitergesungen haben. So entstand der feste Brauch, dass vor jedem Spiel das Lied wie eine Vereinshymne angestimmt wird, der Songtitel wurde sogar ins Vereinswappen integriert. Von Liverpool aus breitete es sich in andere Fußballstadien aus, von Celtic Glasgow bis zum FC St. Pauli und seit den 1970er-Jahren auch zum SC Rapid Wien. Bei der Trauerfeier für den deutschen Nationaltorwart Robert Enke, der sich das Leben genommen hatte, wurde es im November 2009 von der 17-jährigen Alina Schmidt vor fünf Millionen Fernsehzuschauern gesungen.

Was ist die Aufgabe der Kirchen bei solchen Ereignissen? Unter dem Stichwort der „kommunikativen Teilhabe" wird beschrieben, dass es weder um moralisierendes und besserwisserisches Abseitsstehen geht noch um blindes Mitlaufen. Ich denke, es geht darum, dabei zu sein und in Beziehung zu kommen.
Hinter allen manchmal auch sehr fragwürdigen Phänomenen steckt aber etwas, das tiefer reicht. Bill Shankley, der frühere Manager des FC Liverpool, brachte das auf typisch britische Weise so zum Ausdruck: „Manche meinen, es gehe im Fußball um Leben

und Tod – dabei ist die Sache viel ernster!" Ernster drückt es Joseph Ratzinger aus: „Fußball könnte nicht bestehen, wenn dem Spiel nicht die Überschreitung des Lebens in Richtung des verlorenen Paradieses zugrunde liegen würde." Zumindest für eine kurze Zeit, normalerweise für 90 Minuten, soll es doch wieder offen stehen, das Paradies, aus dem der Mensch vertrieben wurde. Das Spiel auf dem grünen Rasen erinnert daran.
Und wer sollte denn dafür nicht Verständnis aufbringen, wenn nicht die Kirchen? Sie singen ja auch vom Sieg, den Jesus in der Auferstehung über den Tod errungen hat. Deshalb klingt es beinahe wie ein Fangesang aus der Südkurve, wenn die Gemeinde anstimmt: „O Tod, wo ist dein Stachel nun? Wo ist dein Sieg, o Hölle?"

Der Sportgummi verweist auf diese himmlische, paradiesische Ausrichtung, auf das Erlösende, nach dem sich die Menschen sehnen. Und wenn das entscheidende Tor in der Nachspielzeit endlich fällt – wer wollte es da nicht nachvollziehen können?

Psalm 91,9-13: Denn der HERR ist deine Zuversicht, der Höchste ist deine Zuflucht. Es wird dir kein Übel begegnen, und keine Plage wird sich deinem Hause nahen. Denn er hat seinen Engeln befohlen, dass sie dich behüten auf allen deinen Wegen, dass sie dich auf den Händen tragen und du deinen Fuß nicht an einen Stein stoßest. Über Löwen und Ottern wirst du gehen und junge Löwen und Drachen niedertreten.

PEZ

„Da mein Mund Honig speist aus des Löwen Munde!"

PEZ ist ein süßer Gruß aus Traun in Oberösterreich, dem Ort der Firma Eduard Haas. Dort werden Puddingpulver, Backmittel, Senf und andere Lebensmittel hergestellt. Eine Art österreichischer Dr. Oetker. Im Jahr 1927 wurde in Traun von der Firma Haas eine typisch österreichische Süßigkeit erfunden, nämlich PEZ. PEZ steht für den ersten, den mittleren und den letzten Buchstaben des Wortes PfeffErminZ. Die mit wertvollem Pfefferminzaroma versehenen Zuckerln, Candies, die aus gepresstem Zucker hergestellt werden, traten bald ihren Siegeszug über die ganze Welt an. PEZ war, wie es hieß „das Mint der vornehmen Welt". Die Zielgruppe waren Erwachsene, die ebenso vornehm sein wollten wie die englische Aristokratie.1949 kam PEZ nach Amerika und bald wurde eine neue Zielgruppe ausgemacht, die Kinder. Entscheidend dafür war die Erfindung von sogenannten Dispensern, also Figuren, die die PEZ-Candies enthielten und den Naschkatzen gleichsam „spendeten". 1952 gab es die ersten Dispenser mit Köpfen, bald darauf konnten die Disneyfiguren als Dispenser verkauft werden. Der Andrang war nicht mehr aufzuhalten. Mit jeder Serie wuchs die Nachfrage und schon bald entwickelte sich neben den Kinderverbrauchern ein reger Sammlermarkt um diese Dispenserfiguren. Legendär sind die Simpsons, die Pokemons, 1999 kamen dann die interaktiven Dispenser dazu, Mobiltelefone, Feuerzeuge, Taschenlampen. Alles Gebrauchsgegenstände, die zugleich Süßigkeiten verteilten.

Freilich: so eine erfolgreiche Firma konnte schon lange nicht mehr in österreichischem Besitz sein. Die Mehrheit hatten schon seit den frühen sechziger Jahren ein luxemburgisches und ein amerikanisches Unternehmen, PEZ war globalisiert und hatte seinen Firmensitz mittlerweile in Orange im Bundesstaat Connecticut/USA. Vor einigen Jahren kehrte die Kultmarke PEZ wieder nach Österreich zurück. Die heutigen Besitzer der Firma Haas kauften die Anteile zurück, und der Firmensitz ist wieder Traun in Oberösterreich. Offenbar ist Globalisierung nicht unumkehrbar. Weltoffenheit und Mobilität müssen ausbalanciert werden durch Ortsfestigkeit. Denn der Mensch, so Rüdiger Safranski in seinem Essay *Wieviel Globalisierung verträgt der Mensch?* kann zwar global kommunizieren und reisen, aber er kann nicht im Globalen wohnen. Daher soll es eine anthropologische Grundgegebenheit sein, dass der Mensch nicht für eine grenzenlose Globalisierung geschaffen ist. Wohnen können wir nur hier oder da, nicht überall. Das meint das viel belastete Wort Heimat. So zeigt die Rückkehr – oder anders gesagt: die Heimkehr – von PEZ nach Traun die Notwendigkeit von Heimat, von einem Nest, in dem die Grundversorgung mit dem Nötigsten gegeben ist. Jeder Mensch hat ein Recht darauf. Von der Befriedigung dieser Grundbedürfnisse hängt die Fähigkeit ab, wirklich in die Fremde gehen zu können. Wer weiß, vielleicht beginnt die Fahrt in den Urlaub schon lange vor dem Aufbruch in die Fremde in der jeweiligen Heimat. Denn je stärker die Ortsbindung emotional gesättigt ist, desto größer ist die Fähigkeit und Bereitschaft der Menschen zur Weltoffenheit. Wer nirgendwo zu Hause ist, kann auch nicht sinnvoll wegfahren.

Ich weiß noch, wie uns als Kinder die PEZ-Spender faszinierten, die man mit einer Hand öffnen konnte. Dann schien gleichsam aus ihrem Inneren und aus ihrem Mund das Candy aufzutauchen. Nur Unbeholfene nahmen es mit den Fingern aus der Figur, die Könner bedienten sich gleich mit den Lippen. Von Mund zu Mund. Eine ganz urtümliche Form der Ernährung, wie bei den Vögeln, die ihre Jungen nähren. Im Verhalten der Menschen ist es der Kuss, der noch daran erinnert. So erinnert jeder tiergestaltige Dispenser an ein Tier, das den Menschen nährt. Es gibt eine sehr schöne Parallele in der christlichen Kunst, das ist der Pelikan. Wenn der Pelikan mit seiner Beute zum Nest zurückkehrt und seinen Kehlsack leert, legt er den Schnabel ganz eng an die Brust. Es sieht so aus, als würde er mit dem Schnabel die eigene Brust aufreißen und seine Jungen mit seinem Blut nähren. Früh wurde dieses Bild auf Jesus und die Seinen übertragen. Auf Öllämpchen aus Karthago ist das Motiv seit dem dritten Jahrhundert zu finden, ebenso wie auf frühen Darstellungen der Kreuzigung, wo über dem Gekreuzigten ein nistender Pelikan dargestellt ist.

In Johann Sebastian Bachs Kantate heißt es: „Komm, du süße (!) Todesstunde, da mein Mund Honig speist aus des Löwen Munde." Das heute fremd und seltsam anmutende Motiv erinnert an die Geschichte des Simson. Der biblische Held, so wird erzählt, tötet einmal einen Löwen mit den bloßen Händen. Als er tags darauf am Kadaver vorbeikommt, sieht er einen Bienenschwarm aus dem toten Löwen fliegen und findet im Tierkörper Honig. Ein Zeichen des Lebens, das aus dem Tod hervorbricht! An dieser den Tod überwindenden Kraft Anteil zu bekommen, dafür steht das Bild vom Honig aus des Löwen Munde. Es ist bei Bach ein Bild für die Gewissheit, dass mit dem Tod der Eingang zum neuen, zum ewigen Leben geöffnet wird. Und wer immer durch dieses dunkle Tor geht, geht ans Licht und hat den süßen Geschmack des Honigs auf den Lippen. Ob die Experten und Expertinnen von Haas auch daran gedacht haben, als sie die PEZ-Candies aus Bären, Katzen, Wölfen und Löwen hervorkommen haben lassen?

Richter 14,5-9: So ging Simson hinab mit seinem Vater und seiner Mutter nach Timna. Und als sie kamen an die Weinberge von Timna, siehe, da kam ein junger Löwe brüllend ihm entgegen. Und der Geist des HERRN geriet über ihn, und er zerriss ihn, wie man ein Böcklein zerreißt, und hatte doch gar nichts in seiner Hand. Er sagte aber seinem Vater und seiner Mutter nicht, was er getan hatte. Als er nun hinkam, redete er mit dem Mädchen und Simson hatte Gefallen an ihr. Und nach einigen Tagen kam er wieder, um sie zu holen, und bog vom Wege ab, um nach dem Aas des Löwen zu sehen. Siehe, da war ein Bienenschwarm in dem Leibe des Löwen und Honig. Und er nahm davon in seine Hand und aß unterwegs und ging zu seinem Vater und zu seiner Mutter und gab ihnen, dass sie auch aßen. Er sagte ihnen aber nicht, dass er den Honig aus dem Leibe des Löwen genommen hatte.

Ildefonso

Alltagsweisheit im Süßen

Die Idee, dünne Schichten von Nougat abwechselnd übereinander zu legen, oben drüber und unten dran eine dünne Platte dunkler Schokolade zu geben und das Ganze dann von Hand mit einem dünnen Draht in Würfelform schneiden zu lassen, hatte in Wien im Jahre 1880 ein findiger und geschäftstüchtiger, noch dazu evangelischer, genauer: reformierter Chocolatier namens Victor Schmidt. Es begann 1858. In diesem Jahr meldete er das Gewerbe der Schokoladefabrikation an. Bis zum Ende des 19. Jahrhunderts wuchs sein Unternehmen zum größten Süßwarenproduzenten der ganzen k.u.k. Monarchie heran, und die Firma blieb bis zur Übernahme durch das ebenfalls sehr bekannte Traditionshaus Manner im Jahr 2000 im Familienbesitz. Die Nougatwürfel waren 1880 eine wichtige Innovation für das Schokoladeangebot. Aber wie sollte das Produkt heißen? Es wird berichtet, dass genau in dieser Zeit der Überlegung Victor Schmidts Bruder von einer Spanienreise heimkehrte. Er soll

ganz begeistert von Toledo erzählt haben und von der Verehrung, die dort Ildefonso, Bischof der Stadt im 8. Jahrhundert, bis zum heutigen Tag erfährt. Ildefonso – das klang irgendwie romantisch, verheißungsvoll. Vor allem hatte der reformierte Chocolatier damit wohl kaum Assoziationen in dem Sinne, die vielleicht ein römisch-katholischer Süßwarenproduzent mit dem Namen eines Bischofs gehabt hätte. Der Name gefiel schlicht und einfach, und der so genannte Nougatwürfel wurde bald in der Wiener Gesellschaft und darüber hinaus bekannt.
Seit 1920 ist die Rezeptur unverändert, es sind sieben Schichten, vier dunkle, drei helle, die da übereinander liegen. Ich denke weniger an die sieben Tugenden und auch nicht an die sieben Todsünden – obwohl das alles auch möglich wäre –, eher an die sieben Tage der Schöpfung oder an den siebenten Himmel, in den der Gnostiker Valentinian die erlöste Seele führen wollte. Sieben, das ist die irdische Vier und die himmlische Drei, also das Ganze. Mit Sieben ist alles gesagt, mehr braucht es einfach nicht.

Um 1970 kam es zu großen Veränderungen. Erstens wurde die bis dahin ausschließlich händische Herstellung der Nougatwürfel automatisiert. Die erste Erzeugungsstraße entstand. Zweitens wurden neue Wege in der Werbung beschritten und eine besondere, zum Nougatwürfel passende Werbefigur erfunden. Das war die Geburtsstunde von Don Alonso – eine der erfolgreichsten Werbefiguren, die es in Österreich jemals

gab. Don Alonso ist in seiner Beliebtheit vergleichbar mit der lila Milkakuh oder mit dem aus Deutschland zugewanderten Meister Propper.
Aber Don Alonso war weder dumm wie das liebe Vieh, noch ein Saubermann wie Meister Propper. Er war vielmehr ein gut aussehender, charmanter spanischer Señor, ein bisschen an Don Juan erinnernd, wir dürfen ihn uns durchaus als heißblütig vorstellen. Daher bekam er eine Herzensdame an die Seite gestellt, Doña Elena. Seitdem war jeder Werbespot eine kleine Episode aus dem Liebesleben der beiden, jugendfrei natürlich, aber doch mit deutlich erotischem Unterton, und immer verbunden mit der Süßigkeit.

Davon hätte der ursprüngliche Namenspatron wohl wenig gehalten. Bischof Ildefons von Toledo lebte im 8. Jahrhundert. Er war Schüler des bekannten Isidor von Sevilla und wirkte als Abt, später durch zehn Jahre als Bischof von Toledo. Seine Schriften sind in vier Bänden erhalten geblieben. Sein besonderes Interesse galt der Jungfrauenschaft der Maria, ihre immerwährende Dauer verteidigte Ildefons in einem umfangreichen Werk *De virginitate perpetua* gegen drei „Ungläubige", wie es im Stil der Zeit heißt. Aber theologischer Triumphalismus scheint ihm fremd gewesen zu sein, eine seiner Schriften widmet sich der eigenen Schwachheit. Aufgefallen ist mir ein kleines Werk *Über die täglichen Verrichtungen*. Damit ist eine Frage angesprochen, die – wie mir scheint – heute von besonderer Brisanz ist, nämlich: Gelingt es, und wenn ja, wie, dass

sich christlicher Glaube im Alltagsleben der Menschen auswirkt und dieses prägt? Schon einige Zeit beschäftigt der Alltag die Theologie. Der Marburger Theologe Henning Luther hat seine Praktische Theologie dem Alltag gewidmet. Er geht einen neuen, dritten Weg zwischen der bekannten Alternative, dass Religion entweder die Unterbrechung des Alltags sei, das Außeralltägliche per definitionem, oder eben die Stabilisierung, Verbrämung, Fundierung des Alltags, jene Kraft, die das Flüchtige und Ephemere zusammenhält. Diese Alternative lehnt Henning Luther als zu statisch ab. Er plädiert dafür, Religion mitten im Alltag anzusiedeln, aber nun doch immer an den Grenzen, Übergängen, Überschreitungen. Religion scheint im Alltag auf, ohne im Alltäglichen aufzugehen. Der Heidelberger Systematiker Hermann Timm hat sogar eine religiöse Grundierung des Alltags, von der Stunde Null um Mitternacht über den Sonnenaufgang und Morgen hin zum Mittag und über den Abend und die Dämmerung wieder zur Nacht vorgelegt.
Das traditionelle Stundengebet in den verschiedenen Kommunitäten übt es bis heute. Die Heilige Schrift erinnert uns daran: „Ein Tag sagt's dem andern" heißt es im Psalm 19, zwar ist die Stimme der Tage für menschliche Ohren unhörbar und ihre Sprache nicht zu verstehen, und doch spricht sich so das Lob der Herrlichkeit Gottes von Tag zu Tag, als alltägliche Botschaft, weiter. So gewiss Gottes Gnade und Treue jeden Morgen, alle Tage neu ist, so gewiss Gottes Lob von Tag zu Tag weitergesagt wird, so bestimmt sollen auch die

Gläubigen, die zu seinem Volk zählen, tun, was ihnen gesagt ist – alle Tage ihres Lebens. Darauf kommt es an: In den täglichen, den alltäglichen Verrichtungen geprägt sein vom Evangelium, genau dort den Glauben leben. Glaube ist nicht nur sonntäglich und feiertäglich, sondern erweist seine tragende Kraft, seine orientierende Funktion, seine prägende Stärke eben gerade auch im Alltag.

Wie sich Alltägliches und Außergewöhnliches miteinander fruchtbar verbinden, ist am christlichen Gottesdienst zu sehen. Den einen, die noch in der überwiegenden Mehrheit sind, ist der Gottesdienst seit Kindestagen vertraut. Gleichzeitig nimmt die Zahl derer zu, für die der Gottesdienst eine einmalige, erstmalige Begegnung mit dem christlichen Leben darstellt, das sind Migranten und Migrantinnen, Touristen und Touristinnen, Menschen, die nur mal so, en passant, vorbeischauen. Was für die einen die besondere, vielleicht seltene oder gar einmalige Ausnahme darstellt, ist für die anderen vertraut, gewohnt, normal. Der gemeinsame Gottesdienst wird zur Brücke, zum Verbindungsglied und zum Instrument der Integration.

Don Alonso hat seine Beziehung zu seiner Doña Elena auch durch Briefe gestaltet. Er schreibt Liebesbriefe und versteckt diese zwischen den Süßigkeiten. Das ist der Hintergrund für den Brauch, dass auf der Innenseite der lachsrosa Banderole, die jeden Ildefonso-

Nougatwürfel umgibt, eine kleine Lebensweisheit zu lesen ist. Die Weisheiten stammen von durchaus renommierten Autoren und Autorinnen. Marie von Ebner-Eschenbach findet sich neben Franz Kafka, Voltaire neben Shakespeare, Kierkegaard neben Rilke. Macht Süßes weise? Machen Nougat und Schokolade empfänglicher für die tiefsinnigen Deutungen des Lebens? Dann würde es durchaus passen, die Gottesdienste, die eine Verbindung von Alltäglichkeit und Außergewöhnlichkeit sind, zu versüßen. Es muss ja nicht Ildefonso zur Begrüßung sein. Worte, Gesten, Lieder, Haltungen – alles kann die tröstliche und erleuchtende Wirkung des Süßen annehmen. Aber wenn jemand möchte, ist natürlich auch Ildefonso hervorragend dafür geeignet.

Sprüche 9,1-6: Die Weisheit hat ihr Haus gebaut und ihre sieben Säulen behauen. Sie hat ihr Vieh geschlachtet, ihren Wein gemischt und ihren Tisch bereitet und sandte ihre Mägde aus, zu rufen oben auf den Höhen der Stadt: »Wer noch unverständig ist, der kehre hier ein!«, und zum Toren spricht sie: »Kommt, esst von meinem Brot und trinkt von dem Wein, den ich gemischt habe! Verlasst die Torheit, so werdet ihr leben, und geht auf dem Wege der Klugheit.«

Zotter Schokolade

Sternenmilch und Milchsterne

Es war irgendwann im Herbst oder Winter des Jahres 1609. Galileo Galilei richtete sein Fernrohr mit zwanzigfacher Vergrößerung erstmals in den nächtlichen Himmel. Ob dies mit Absicht geschah oder nur aus einer Laune, eher zufällig, ist unbekannt. Egal, die Auswirkungen sind es, die die Welt veränderten. Das Fernrohr, ursprünglich für rein militärische Zwecke erfunden, öffnete das Universum. Zur selben Zeit veröffentlichte Johannes Kepler seine *Neue Astronomie* und seinen *Traum vom Mond*. Beide – Galilei und Kepler – hatten mit den Hütern der Rechtgläubigkeit ihre Schwierigkeiten. Dennoch haben sich ihre Erkenntnisse, der eine gewann sie durch Anschauung, der andere durch Berechnung, durchgesetzt und das Bild der Schöpfung verändert.

Apropos „Schöpfung": Der steirische Chocolatier Josef Zotter begann seine Schokolade mit der Hand zu schöpfen, statt sie zu gießen. „Handgeschöpft" wurde zu einem ersten Merkmal dieser außergewöhnlichen Schokolade, und die Assoziation zum kreativen Akt Gottes ist durchaus beabsichtigt. Allein damit setzte sich Josef Zotter von der herrschenden Massenproduktion ab und wurde zum eigenständigen, unabhängigen Entdecker neuer Schokoladewelten. Wie Galilei am Fernrohr, so steht der Chocolatier an der Conchiermaschine. Weitere Merkmale der Zotter Schokoladen sind das einfallsreiche, oft humorvolle Design und die ungewöhnlichen Geschmacksrichtungen. Grammelnuss'n, Ananas und Paprika, Schilcher und Kürbis finden sich in einer Unzahl von Varianten. Seit einiger Zeit stellt Josef Zotter in seinem Betrieb in Bergl bei Riegersburg auch die Kuvertüre selbst her. Die Kakaobohnen werden fair gehandelt, sie stammen aus Mittel- und Lateinamerika. Alle anderen Zutaten sind garantiert Bio.

Seit einiger Zeit gibt es die Marke „Mitzi Blue", eine runde Tafel Schokolade in quadratischer Verpackung. Unter den 24 Geschmacksrichtungen sollen drei herausgehoben sein: Sonnenmilch, Mondmilch und Sternenmilch.

Die Sternenmilch von Zotter führt zu Galilei zurück. Das erste Objekt seiner Beobachtung war nämlich die Milchstraße. Staunend entdeckte er die unzähligen Sterne, Sternhaufen und Nebel in dem fürs bloße Auge diffusen, milchig weißen Band, das den Nachthimmel durchzieht. Die griechische Mythologie bringt die Entstehung der Milchstraße mit Alkmene und ihrem Sohn Herakles in Verbindung. Herakles soll so stark an der Brust seiner Mutter gesaugt haben, dass sich die Milch über den ganzen Himmel ergoss und sich dabei in funkelnde Sterne verwandelte. Vom griechischen Wort *gala* für Milch trägt sie auch den Namen Galaxis. Ovid beschreibt in den *Metamorphosen* (I, 168ff.) die Lactea, die Milchstraße als Weg zu Jupiter, an der die Götter ihre Wohnsitze haben:

„Milchstraße heißt eine Bahn, in der Höhe des heiteren Himmels,
deutlich zu sehn und schon am Schimmer leicht zu erkennen.
Sie ist der Himmlischen Weg zu des großen Donnerers Heim,
zum Haus ihres Herrschers; häufig besucht, mit offenen Toren
stehn da rechts und links die Hallen der vornehmen Götter."

Dieses Bewusstsein des unendlichen Unterschieds von Himmel und Erde findet sich auch in der Bibel. Als Gott endlich selbst das Wort an den geplagten Hiob richtet, veranschaulicht er an vielen Beispielen den unendlichen Unterschied zwischen ihm und den Menschen. Er fragt: „Kannst du die Bande des Siebengestirns zusammenbinden oder den Gürtel des Orion auflösen? Kannst du die Sterne des Tierkreises aufgehen lassen zur rechten Zeit oder die Bärin samt ihren Jungen heraufführen? Weißt du des Himmels Ordnungen oder bestimmst du seine Herrschaft über die Erde?" (Hiob 38, 31-33). Unter der Weite des Sternenhimmels richtet der Beter an Gott die Frage: „Was ist der Mensch, dass du seiner gedenkst?", und erkennt mit dem Blick des Glaubens: „Du hast ihn wenig niedriger gemacht als Gott, mit Ehre und mit Herrlichkeit hast du ihn gekrönt" (Psalm 8,5f). Heute weiß man, die Milchstraße ist zwar die Namen gebende, aber nur eine unter vielen Galaxien. Sie ist nicht die Heimat der Götter, sondern der Menschen. Die Sonne mit ihren Planeten ist bloß einer von hunderten Milliarden Sternen der Milchstraße. Ausgerechnet das ist unser Zuhause. Da kann man sich schon recht verloren vorkommen, so in der Weite des Weltraums. Gleichzeitig bringen die Besonderheit der Erde und das Wunder des Lebens zu Bewusstsein, was es heißt, die Schöpfung zu bebauen und zu bewahren. Gerade unter dem unermesslichen Sternenhimmel wird die Verantwortung deutlich, die wir für das Leben und die Lebensmöglichkeiten auf einem eher kleinen Planeten in einem eher abseits gelegenen System in einer eher mittelgroßen Galaxis tragen.

Sternenmilch hat 50 % Kakaoanteil, die Bohnen stammen aus Nicaragua. Josef Zotter kooperiert dort mit der Austrian Development Agency ADA, mit der Initiative Eine Welt Braunau und mit Horizont 3000. So werden rund 180 Kleinbauern unterstützt, die sich zu einer Kooperative zusammengeschlossen haben. Kakao wird importiert, Gerechtigkeit exportiert. Selbst im ökonomischen Krisenjahr 2009 ist österreichweit der Umsatz von fair gehandelten Produkten, das sind in erster Linie Bananen, Kaffee und Kakao, um mehr als zehn Prozent gestiegen. Passen da Sonne, Mond und Sterne nicht wunderbar dazu? Wo doch die Schokolade einfach himmlisch schmeckt.

Psalm 8,2-10: HERR, unser Herrscher, wie herrlich ist dein Name in allen Landen, der du zeigst deine Hoheit am Himmel! Aus dem Munde der jungen Kinder und Säuglinge hast du eine Macht zugerichtet um deiner Feinde willen, dass du vertilgest den Feind und den Rachgierigen. Wenn ich sehe die Himmel, deiner Finger Werk, den Mond und die Sterne, die du bereitet hast: was ist der Mensch, dass du seiner gedenkst, und des Menschen Kind, dass du dich seiner annimmst? Du hast ihn wenig niedriger gemacht als Gott, mit Ehre und Herrlichkeit hast du ihn gekrönt. Du hast ihn zum Herrn gemacht über deiner Hände Werk, alles hast du unter seine Füße getan: Schafe und Rinder allzumal, dazu auch die wilden Tiere, die Vögel unter dem Himmel und die Fische im Meer und alles, was die Meere durchzieht. HERR, unser Herrscher, wie herrlich ist dein Name in allen Landen!

Milka

Die lila Kuh und die Zurichtung der Natur

Milka ist ein Produkt der Firma Suchard, die aus der Schweiz stammt. Hergestellt wird die Schokolade allerdings in Österreich, in Bludenz in Vorarlberg.

Die Milka Schokolade mit der lila Kuh gibt in vielerlei Hinsicht Anlass für tiefere Gedanken und Überlegungen. Mil-Ka ist die Markenbezeichnung, eine abkürzende Zusammenziehung der beiden Worte Milch und Kakao. Der Kakao als ein Produkt der Kolonisation und des Imperialismus, das zu Beginn der Neuzeit aus Mexiko nach Europa gekommen ist, in Verbindung mit Milch, dem heimatgesättigten Produkt der Kühe. Ist das die Ablöse der biblischen Verheißung von Milch und Honig, dass das Gelobte Land jetzt mit Milch und Kakao, als Schokoladenparadies eingerichtet ist?

Aber nicht darauf will ich die Aufmerksamkeit lenken. Auch nicht auf den Werbespruch der Marke Milka, der lautet nämlich: Die zarteste Versuchung, seit es Schokolade gibt. Kann denn Versuchung auch zart sein?

Schon gar nicht geht es heute um Milka, die biblische Figur, von der uns in Deuteronomium 27 erzählt wird im Zusammenhang mit der Frage, ob auch Töchter erbberechtigt sein können (4. Mose 27; 36,11f; 26,33; Josua 17,3-6).

Im Folgenden geht es um die Kuh, die sich auf der Verpackung befindet. Sie ist lila.
Grundschullehrer/innen in den Städten berichten, dass die Stadtkinder der Meinung sind, alle Kühe wären lila. Wenn sie dann echte, wirkliche, lebendige Kühe zu Gesicht bekommen, sind sie oft recht enttäuscht. Die Kinder finden dann: „Die sind gar nicht so schön!"

Die lila Kuh auf der Milka Schokolade erinnert an die Zurichtung der Natur für Zwecke des Tourismus, des Geschäftes. Gerade der Alpenraum, die Welt der Berge, sind zugerichtete Natur, im doppelten Sinn des Wortes.

Eine notwendige Erinnerung: Erst in der Aufklärungszeit kamen die Menschen in größerem Maßstab auf die Idee, die Berge bloß aus Lust und Interesse, ohne durch irgendeine Not dazu gezwungen zu sein, zu besteigen. Die Erstbesteigung des Großglockners galt als Sieg menschlicher Kühnheit über die Natur. Natur galt damals nicht als vom Sündenfall der Menschen betroffene Schöpfung, sie war vielmehr als Gottes Werk schön, gut und nützlich. Ihre Schönheit zu erforschen und ihre Schätze zu nutzen, das wurde als Auftrag für die Christen verstanden: „Machet euch die Erde untertan!". Man stellte sich vor, die Natur predige „schön und gewaltsam" das Wort Gottes, ja, sie wird selbst zu einem Weg zu Gott. Ein hohes, bis an die Wolken reichendes Gebirge, eine unübersehbare Meeresfläche, ein herabstürzender Wasserfall bilden selbst die untersten Stufen des Thrones des Allmächtigen.

Wie bekommt man daran Anteil? Zuerst nur aus dem Tale. Die bequeme Durchwanderung der Alpentäler, die Durchfahrt, ist der Beginn des Tourismus in der Schweiz. Aussichtswarten wurden errichtet, dann und wann auch schon ein Wasserfall mit Lampions beleuchtet. Die Natur war ein Bild, ein Panorama. Arthur Schnitzler wurde in Bad Ischl den Verdacht nicht los, die ganze prächtige Bergwelt hinter dem kaiserlichen Kurort wäre nur aufgemalt.

Erst in der zweiten Stufe wurde die Sommerfrische entdeckt und für sie die Bergwelt zugerichtet. Die Einheimischen sollten urwüchsig und edel sein, gleichzeitig aber tüchtig für den Fremdenverkehr. Trachten und Bauten wurden normiert, Brauchtum und Klischees gepflegt, Bauerndörfer zu Museen umgestaltet. Gleichzeitig nahm die Kritik an dieser Entwicklung zu. Die kritischen Geister entflohen zuerst in die Bergeshöhen, die vorerst noch unzugänglich waren. Der Alpinismus entstand. Aber durch den Bau von Bergstraßen und vor allem Seilbahnen kamen die Menschen in Scharen bis auf 3500 Meter Seehöhe. Der letzte Schrei in den Alpen sind riesige, gleichsam ins Nichts hinaus gebaute Aussichtsplattformen auf den Gipfeln einiger Dreitausender. Ein überwältigendes Erlebnis, ohne jede Mühe konsumierbar. Die Flüchtlinge des Massentourismus in den Alpen verlegen ihre Sehnsüchte in den Himalaya, in die Karpaten, in den Kaukasus und tragen damit dazu bei, dass es dort zur selben Entwicklung, oft mit noch weit schlimmeren Auswirkungen als hierzulande, kommt.

Wie soll man dem steuern? Auf der einen Seite ist es ja gerade die unberührte Natur, die die Menschen anzieht und ihre Sehnsüchte weckt, auf der anderen Seite gibt es diese Unberührtheit fast nirgends mehr. Auch die Nationalparks sind bestenfalls weniger, vielleicht schonender, sanfter und nachhaltiger genutzt als andere Regionen. Heute wird aus der Natur eine Erlebnislandschaft. Alles, was man in den Bergen tun kann, kann man auch in einer entsprechend großen und ausgestatteten Halle im Ruhrgebiet oder in Dubai oder sonst irgendwo auf der Welt erleben.

Für die Alpen, für die Natur ist Umdenken angesagt. Die Grenzen der Belastbarkeit werden sichtbar, heute stärker denn je. Früher dachten die Menschen, die Berge wären der Sitz der Götter oder zumindest der Ort, wo Himmel und Erde einander berühren. Tourismusmanagement braucht Demut und neue Wege, damit sich das Wissen um diese Verbindung wieder im

Verhalten niederschlägt. Der Schöpfungsauftrag meint eben nicht Eroberung und Unterwerfung, der Schöpfungsauftrag meint Verantwortung zu übernehmen, wenn wir unseren Sehnsüchten Zeit und Raum geben. So steht die Milka Schokolade für diese Spannung: Wie der Kakao stets an die Verantwortung der industrialisierten Länder gegenüber den armen Ländern der Erde erinnert und die Notwendigkeit fairen Handels einmahnt, so erinnert eine lila gefärbte Kuh an die Verantwortung des Menschen für die Schöpfung und das rechte Maß im Umgang mit den Mitgeschöpfen.

Psalm 104: Lobe den HERRN, meine Seele! HERR, mein Gott, du bist sehr herrlich; du bist schön und prächtig geschmückt. Licht ist dein Kleid, das du anhast. Du breitest den Himmel aus wie einen Teppich; du baust deine Gemächer über den Wassern. Du fährst auf den Wolken wie auf einem Wagen und kommst daher auf den Fittichen des Windes, der du machst Winde zu deinen Boten und Feuerflammen zu deinen Dienern; der du das Erdreich gegründet hast auf festen Boden, dass es bleibt immer und ewiglich. Mit Fluten decktest du es wie mit einem Kleide, und die Wasser standen über den Bergen. Aber vor deinem Schelten flohen sie, vor deinem Donner fuhren sie dahin. Die Berge stiegen hoch empor, und die Täler senkten sich herunter zum Ort, den du ihnen gegründet hast. Du hast eine Grenze gesetzt, darüber kommen sie nicht und dürfen nicht wieder das Erdreich bedecken. Du lässest Wasser in den Tälern quellen, dass sie zwischen den Bergen dahinfließen, dass alle Tiere des Feldes trinken und das Wild seinen Durst lösche. Darüber sitzen die Vögel des Himmels und singen unter den Zweigen. Du feuchtest die Berge von oben her, du machst das Land voll Früchte, die du schaffest. Du lässest Gras wachsen für das Vieh und Saat zu Nutz den Menschen, dass du Brot aus der Erde hervorbringst, dass der Wein erfreue des Menschen Herz und sein Antlitz schön werde vom

Öl und das Brot des Menschen Herz stärke. Die Bäume des HERRN stehen voll Saft, die Zedern des Libanon, die er gepflanzt hat. Dort nisten die Vögel, und die Reiher wohnen in den Wipfeln. Die hohen Berge geben dem Steinbock Zuflucht und die Felsklüfte dem Klippdachs. Du hast den Mond gemacht, das Jahr danach zu teilen; die Sonne weiß ihren Niedergang. Du machst Finsternis, dass es Nacht wird; da regen sich alle wilden Tiere, die jungen Löwen, die da brüllen nach Raub und ihre Speise suchen von Gott. Wenn aber die Sonne aufgeht, heben sie sich davon und legen sich in ihre Höhlen. So geht dann der Mensch aus an seine Arbeit und an sein Werk bis an den Abend. HERR, wie sind deine Werke so groß und viel! Du hast sie alle weise geordnet, und die Erde ist voll deiner Güter. Da ist das Meer, das so groß und weit ist, da wimmelt's ohne Zahl, große und kleine Tiere. Dort ziehen Schiffe dahin; da sind große Fische, die du gemacht hast, damit zu spielen. Es warten alle auf dich, dass du ihnen Speise gebest zur rechten Zeit. Wenn du ihnen gibst, so sammeln sie; wenn du deine Hand auftust, so werden sie mit Gutem gesättigt. Verbirgst du dein Angesicht, so erschrecken sie; nimmst du weg ihren Odem, so vergehen sie und werden wieder Staub. Du sendest aus deinen Odem, so werden sie geschaffen, und du machst neu die Gestalt der Erde. Die Herrlichkeit des

HERRN bleibe ewiglich, der HERR freue sich seiner Werke! Er schaut die Erde an, so bebt sie; er rührt die Berge an, so rauchen sie. Ich will dem HERRN singen mein Leben lang und meinen Gott loben, solange ich bin. Mein Reden möge ihm wohlgefallen. Ich freue mich des HERRN. Die Sünder sollen ein Ende nehmen auf Erden und die Gottlosen nicht mehr sein. Lobe den HERRN, meine Seele! Halleluja!

Napoli Dragee Keksi

Die Kunst des Aufhörens

Das passt zum freien Österreich! Ausgerechnet im Jahr des Staatsvertrages, 1955, kaufte die Firma Napoli das Unternehmen Casali. Casali, heute mit legendären Produkten wie Rum-Kokos und Schoko-Banane in den Regalen der Süßwarenläden vertreten, wurde schon im Jahr 1782 gegründet. Der Stammsitz war Triest. Ab 1913 begann Casali mit der Herstellung von Süßwaren. Napoli hingegen ist viel jünger, das Familienunternehmen begann 1948 mit der Produktion. Heute gehören beide Unternehmen mit Ildefonso zu Manner und bilden gemeinsam den größten österreichischen Süßwarenhersteller.

Napoli ist berühmt für seine Dragee Keksi. Das Herstellungsverfahren klingt reichlich kompliziert, rund zehntausend Mal muss sich das flache Keks drehen, bis es rundum mit feiner Schokolade dragiert, also überzogen ist. Die Geburtsstunde dieser Süßigkeit liegt im mythologischen Dunkel, sicher ist nur, dass eine Produktliste aus dem Jahr 1974 erstmals Dragee Keksi erwähnt.

„Wenn ich nur aufhören könnt'!" – dieser Ausruf ist untrennbar mit den Dragee Keksi verbunden. Klar, der Ausruf ist nicht ernst gemeint, erst wenn die Packung leer ist, hört es auf. Wie es aufhört zu regnen oder zu schneien. Das ist der Unterschied zwischen dem „ es hört etwas auf" und dem „ich höre auf". Marianne Gronemeyer hat der Kunst des Aufhörens ein Buch gewidmet. Sie weist darauf hin, dass es kein Zufall ist, dass das Aufhören mit dem Hören zusammenhängt und offensichtlich mit einer bestimmten Art von Gehorsam zu tun hat. Um das anschaulich zu machen beschreibt sie eine Miniatur aus der *Wiener Genesis*, auf der Abraham zu sehen ist in dem Augenblick, in dem er den Befehl Gottes hört, aus seinem Vaterland aufzubrechen in ein Land, das Gott ihm zeigen will. Ganz aufrecht steht er da, das Gesicht, das Gehör dem Himmel zugewandt. Die Beine nebeneinander, fest geschlossen. Er hält inne. Das Innehalten ist die erste Stufe zum Aufhören. Worauf hört nun der, der aufhört? Woher kommt die Stimme, die zum Innehalten zwingt? Zuerst fällt einem die Stimme der Vernunft ein. Zuviel Schokolade, Zucker und weißes Mehl – das ist nicht gesund, das ist bekannt, das kann in jedem Gesundheitsratgeber nachgelesen werden.

Aber die Stimme der Vernunft ist leise, das wusste schon Sigmund Freud. Alle, die etwa mit dem Rauchen aufhören wollen, wissen es auch. Hat Abraham vernünftig reagiert? Hat er gesagt: Wenn ich es eingesehen habe, dass es vernünftig ist, deinem Befehl zu folgen, dann werde ich es tun. Und übrigens: Könnte ich das mit dem versprochenen Land bitte schriftlich haben?

Offenkundig meint das Aufhören eine Handlung, die nicht von der vernunftgeleiteten Einsicht abhängt, sondern vom persönlichen Vertrauen. Abraham wird zum Vorbild im Glauben, nicht im Vernunftgebrauch. Dennoch ist sein Gehorsam nicht blind. Denn er reagiert ja nicht auf den Befehl eines Vorgesetzten, sondern auf eine ihm bis dahin völlig unbekannte Stimme. Was bringt ihn zum Innehalten und zum Aufhören?

In der biblischen Tradition ist das Aufhören untrennbar mit dem Sabbat verbunden. Am siebenten Tag krönte Gott sein Schöpfungswerk, indem er ruhte. Von dort leitet sich das Gebot ab, dass auch sein Volk Israel jeden siebenten Tag ruhen soll. So heißt es im Buch Exodus (20,8-11): „Gedenke des Sabbattages, dass du ihn heiligest. Sechs Tage sollst du arbeiten und alle deine Werke tun. Aber am siebenten Tag ist der Sabbat des Herrn, deines Gottes. Da sollst du keine Arbeit tun, auch nicht dein Sohn, deine Tochter, dein Knecht, deine Magd, dein Vieh, auch nicht der Fremdling, der in deiner Stadt lebt. Denn in sechs Tagen hat der Herr Himmel und Erde gemacht und das Meer und alles, was darinnen ist, und ruhte am siebenten Tag. Darum segnete der Herr den Sabbattag und heiligte ihn."
Es ist bemerkenswert, dass der Tag des Aufhörens und

der Ruhe nicht nur Mußestunden für einige bringt, sondern eine soziale und eine ökologische Dimension hat. Das Gesinde und der Fremdling sollen dieselben sozialen Rechte haben wie die Besitzenden, und auch das Vieh soll zumindest für einen Tag befreit sein von der Last. Das Innehalten, das Aufhören bringt ein Aufatmen der ganzen Schöpfung mit sich. Der Sabbat lässt sich von nirgends ableiten, er ist genuin mit dem Volk Israel und seinem Auf-Hören auf Gott verbunden. Im Freitagabendgottesdienst in der Synagoge heißt es: „Komm, mein Freund, der Braut entgegen, den Sabbat lasst uns empfangen." Bei der letzten Strophe stehen alle auf und wenden sich der Türe zu, um den Sabbat wie eine einziehende geschmückte Braut zu empfangen und willkommen zu heißen. Die Königin nimmt ihren Thron ein und für einen Tag leisten die Menschen dieser Regentin Gehorsam, indem sie mit der Arbeit aufhören.

Wenn sich die Kirchen heute gemeinsam mit Gewerkschaften und anderen Verbündeten für den arbeitsfreien Sonntag einsetzen, so steht die Tradition des Sabbat dahinter. Die Stimme an den Menschen spricht: „Hör endlich auf! Und lass auch die Tiere einmal in Ruhe, die Natur ist schon genug zugerichtet worden." Mit dieser regelmäßigen Unterbrechung stört der Sabbat wie der Sonntag eine in stets gleich tickender Maschinenzeit organisierte Wirtschaft. Sie kennt kein Aufhören, nur das Immerweiter und das Immermehr. Ohne Pause dreht sich das Rad, ununterbrochen laufen die Börsenkurse über die Anzeigentafeln, immer schneller und schneller. Wenn wir nur aufhören könnten!

Gut ist dran, wer die Dragee Keksi genießt. Genießen heißt Maß halten. Das geöffnete Päckchen weglegen. Wissen, wann es genug ist. Selig, wer das Aufhören lernt.

Das Gebet des Kindes, das nach dem Mittagessen den Tisch abräumt:
O Vater, lass durch deine Gnade uns Kinder heranwachsen und allen Fleiß haben, sich an deine Gebote und Befehle zu halten. Damit wir tun, was du befiehlst, und meiden, was du verbietest, lass unser Gemüt wohnen in einem einträchtigen Leib. Und wenn der letzte Tag kommt, so lass ihn ohne Ende sein.

Philipp Melanchthon (1523)

Küfferle Schokoschirmchen

Lässt Gott im Regen stehen?

„Wer unter dem Schirm des Höchsten sitzt", so beginnt der 91. Psalm der Bibel, „und unter dem Schatten des Allmächtigen bleibt, der spricht zu dem HERRN: Meine Zuversicht und meine Burg, mein Gott, auf den ich hoffe". Denn Gottes Wahrheit ist für den Frommen „Schirm und Schild".
Wer unter dem Schirm des Höchsten sitzt! Es ist auffällig, dass in der Heiligen Schrift an zahlreichen Stellen vom Schirm und vor allem vom Beschirmen die Rede ist.
Mehrmals wird erwähnt, dass Gott sein Volk und vor allem die Stadt Jerusalem vor den drohenden Feinden beschirmt (2. Kön 19,34; 20,6; Jes 31,5; 38,6; Sach 12,8). Deshalb können sich alle freuen, die auf Gott trauen, denn er beschirmt sie (Ps 5,12). Wer dem Herrn traut, hat eine sichere Festung, sein Name ist eine feste Burg. Bei ihm finden die Frommen und ihre Kinder Zuflucht und erfahren, dass sie beschirmt sind (Spr. 14,26; 18,10). Beim Propheten Hesekiel werden die schirmenden Engel erwähnt (Hes 28,14.16).

Wohl ist damit nicht der Schirm gemeint, den wir kennen und auch im Urlaub, vor allem in Österreich, nicht zu Hause oder im Hotelzimmer vergessen, sondern immer dabei haben sollten. Aber die Erwähnungen in der Bibel weisen darauf hin, dass der Schirm auf eine lange Geschichte zurückblickt. Seine ersten Spuren sind in Ägypten und Asien schon 3000 Jahre vor Christus zu finden. Was wir heute vorwiegend als alltäglichen Gebrauchsgegenstand und meist durch Vergessen und Liegenlassen fast als Einwegartikel nutzen, verehrte man über Jahrtausende hinweg als heiliges Symbol. Der Schirm war ein Zeichen für Macht und Würde. Die Ägypter glaubten, dass der Himmel sich in der Gestalt der Göttin Nut über die Erde wölbe wie ein Schirm. Die Himmelsgöttin spendet so Schatten. Die ersten Schirme waren also Sonnenschirme, der englische Ausdruck *umbrella* weist noch darauf hin, das Wort kommt vom lateinischen *umbra*, dem Schatten, der *umbrellone*, wie man in Italien zum Schirm sagt, ist also der kleine Schatten. Im antiken Griechenland galt der Schirm als ein Symbol der Fruchtbarkeit, wir können ihn auf zahllosen Wandgemälden, Vasen, Sarkophagen u. ä. sehen. In Asien nutzten Burma und Siam den Schirm am stärksten als Herrschaftssymbol. Im Jahre 1211 soll sogar ein Schirm die Wahl des Könignachfolgers entschieden haben, indem der burmesische König einen Schirm in die Mitte seiner fünf versammelten Söhne stellte. Er glaubte, dass der würdigste Nachfolger derjenige sei, in dessen Richtung er fiel. Der weiße Schirm war das Heiligtum für den monarchischen Stand und bei Feierlichkeiten wurde der König von acht Schirmträgern begleitet. Verurteilung wegen Hochverrat drohte ignoranten Fremden, die unachtsamerweise einen weißen Schirm benutzten.

Auf dem europäischen Kontinent tauchte der Schirm erstmalig im vierten Jahrhundert auf. Er wurde Symbol für die Macht der römisch-katholischen Kirche. Auf einem Fresko aus dem 13. Jahrhundert in der Kapelle von St. Sylvester in Rom ist eine Szene dargestellt, wo der römische Kaiser Konstantin Papst Sylvester I. einen braun-weiß gestreiften Schirm überreicht. Mit dieser Geste wurde symbolisch die Macht und Herrschaft im Westen des Reiches an die Kirche übergeben. Die Folgen bis zum sogenannten Investiturstreit sind bekannt. Wie um zu unterstreichen, dass er über den Schirm der Herrschaft verfügt, lässt der Papst den Kaiser vor Canossa ganz schön im Regen stehen. Man geht davon aus, dass Konstantin den Schirm von den östlichen Herrschern übernommen hat, da er ein großer Anhänger des Mithras, des Sonnengottes, gewesen sein soll.

Die erste schriftliche Erwähnung des Regenschirms stammt aus dem Jahr 802. Abt Alkuin von Tours schickte einen Regenschirm an den Bischof Arno von Salzburg. Offensichtlich war ihm der berüchtigte „Schnürlregen" zu Ohren gekommen, denn Alkuin schreibt an Arno: „Ich schicke dir ein Schutzdach, damit es von deinem verehrungswürdigen Haupte den Regen abhalte."

Als alltäglicher Gebrauchsgegenstand war der Schirm aber noch nicht bekannt. Dazu kam es erst im 18. Jahrhundert. Die Erfindung ist verbunden mit dem Namen des englischen Philanthropen und Geschäftsmannes Jonas Hanley (1712–1786). Er machte sich nicht nur um den Fernhandel über das Kaspische Meer nach Persien verdient, sondern galt auch als großer Wohltäter, er gründete Hilfseinrichtungen insbesondere für Prostituierte und Findelkinder im London des beginnenden industriellen Zeitalters. Für diese Leistungen erhielt er zum Gedenken sogar eine Erinnerungstafel an der Westminster Abbey. Dass er den Regenschirm erfunden hat und gebräuchlich machte, wird durch keine Gedenktafel an einer Kirche erwähnt.
Jonas Hanley soll – noch sehr zum Gespött der Leute – bei Regen mit einem gewaltigen Schirm, etwa fünf Kilo schwer, ausgegangen sein. Da war noch einiges an Verbesserungsmöglichkeiten gegeben, leichteres Material des Gestänges und Kunstfaserbespannung für den Schirm. Schirme sind sperrige Dinger, erst Anfang des 20. Jahrhunderts gelang Hans Haupt in Berlin die Erfindung des teleskopartig ausziehbaren Schirms, den er unter dem Namen „Knirps" patentieren ließ.

Vom königlichen und kirchlichen Hoheits- und Herrschaftssymbol ging der Weg also zum Alltagsgebrauchsgegenstand. Was hat die Chocolatiers der Firma Küfferle bewogen, Schirme aus Schokolade zu formen? Die Firma Küfferle, die wie die meisten be-

kannten Schokoladehersteller im 19. Jahrhundert gegründet wurde, ist in Wien ansässig. Seit dem Jahr 1972 ist Küfferle Teil der Firma Hofbauer. Noch einmal die Frage: Wieso Schirmchen aus Schokolade?
Zwei Gedanken dazu: In Österreich werden die Schokoschirmchen gerne an den Weihnachtsbaum gehängt. Offensichtlich eignen sich auch entsprechend verwandelte, versüßte Alltagsgegenstände, um als Zierrat am Christbaum zu hängen. Damit bleibt zugleich die Erinnerung an den Schirm des Höchsten, der sich schützend über die Seinen ausspannt, erhalten. Gerade die Unbeschirmtheit, Schutzlosigkeit der Geburt Jesu im Viehunterstand will als Erweis der Menschwerdung Gottes verstanden sein. Gerade in dieser Geburt spannt sich über die Menschen der Schirm des Höchsten, unter dem jeder sicher und frei von allen Bedrohung sitzen kann. In dieser geschützten Situation kann in aller Ruhe das kleine süße Schirmchen genossen werden.
Ist nicht auch der Urlaub eine Geschichte des Schirmens? Behütet von Gottes Engeln geht es auf die Reise, Orte der Ruhe und der Besinnung werden gesucht und oft gefunden, meistens nicht dort, wo der Fremdenverkehrsverband sie ausschildert und vermutet. Im Urlaub muss es Zeit geben, frei von Hast und Trubel, fern von den Regenstürmen des Alltags, das Wesentliche zu genießen und so wieder zu sich selbst zu finden. Dafür können Küfferles Schokoladeschirmchen ein sehr vielsagendes und noch dazu wohlschmeckendes Symbol sein.

Es erinnert daran: Gott lässt wohl regnen, aber nicht im Regen stehen.

Psalm 91,1-2: Wer unter dem Schirm des Höchsten sitzt und unter dem Schatten des Allmächtigen bleibt, der spricht zu dem HERRN: Meine Zuversicht und meine Burg, mein Gott, auf den ich hoffe.

Jesu, meine Freude, meines Herzens Weide, Jesu, meine Zier:
Ach, wie lang, ach lange ist dem Herzen bange und verlangt nach dir!
Gottes Lamm, mein Bräutigam,
außer dir soll mir auf Erden sonst nichts Liebers werden.

Unter deinen Schirmen bin ich vor den Stürmen aller Feinde frei.
Lass den Satan wettern, lass die Welt erzittern, mir steht Jesus bei.
Ob es jetzt gleich kracht und blitzt,
ob gleich Sünd und Hölle schrecken, Jesus will mich decken.

Johann Franck, 1653

Niemetz Schwedenbomben

Gerechter Friede statt gerechtfertigter Krieg

Ja, es ist auf der einen Seite ein Glück, dass die süße Köstlichkeit, die anderswo Namen wie *Mohrenkopf* oder *Negerkuss* trägt, in Österreich anders heißt. Nicht, dass es hierzulande keinen mehr oder weniger offenen Rassismus gäbe! Im Gegenteil. Aber dass das wunderbare Gebilde einer Creme aus Eiklar und Kakao, umgeben von dünner Schokolade und auf einer Waffel ruhend, einen nichtrassistischen Namen trägt, zeigt doch, dass es auch anders geht. Aber wieso heißt der Schaumkuss in Österreich „Schwedenbombe"?

Das ist die andere Seite. Der ungewöhnliche Name gibt einige Rätsel auf. Woher kommt er? Was soll er bedeuten? Die „Bombe" legt sich vielleicht von der äußeren Gestalt der Nascherei her nahe. Aber das wäre zu vordergründig für Österreich, hier beansprucht alles einen tieferen Sinn (ohne deshalb immer sinnvoll zu sein!). Und wieso die Verbindung mit Schweden? Soll man womöglich, während die Creme auf der Zunge zergeht, an die unerfreulichen Erfahrungen denken müssen, die Österreich mit den Schweden während des Dreißigjährigen Krieges machte? Nach der vernichtenden Niederlage der kaiserlichen Truppen in der Schlacht von Jankau am 6. März 1645 zogen die Schweden unter ihrem General Lennart Torstensson südwärts. Sie kamen bis vor die Tore Wiens, nach Krems, Mistelbach und Korneuburg. Da die erwartete Unterstützung aus Ungarn ausblieb, ließ Torstensson von der Belagerung Wiens ab und wandte sich gegen Brno/Brünn. Aber weite Teile des Wald- und Weinviertels waren von schwedischen Truppen geplündert worden und auch den Wienern saß der Schrecken vor den Schweden in den Knochen: „Bet, Kindlein, bet! Morgen kommt der Schwed'!"

Aber das ist lange her. Heute ist das historische Gedächtnis der Österreicher und Österreicherinnen geprägt von der humanitären Hilfe, die Österreich durch Schweden in der Not nach dem Ersten Weltkrieg erfahren hat. Besonders für die Kinder wurde in der Aktion „Rädda Barnen" (Rettet die Kinder) Hilfe organisiert. Aus Dankbarkeit dafür benannte die Stadt Wien 1920 den bisherigen Ferdinands-Platz und die Ferdinands-Brücke in Schwedenplatz und Schwedenbrücke um. Die Schweden sind der humanitären Tradition treu geblieben und haben ihre Unterstützung auch nach dem Zweiten Weltkrieg wieder aufgenommen. Täglich zwölftausend Liter Suppe stillten den Hunger und wärmten viele Kinderbäuche!
In diesem Spektrum der Menschlichkeit muss auch

an die „Schwedische Israelmission" in der Seegasse im 9. Wiener Gemeindebezirk erinnert werden. Über diese Einrichtung konnten zwischen 1938 und 1940 mehr als 3000 Christen und Christinnen jüdischer Abstammung und Jüdinnen und Juden ins Ausland gerettet werden. Nicht zuletzt durch die Erfahrungen des Antisemitismus und der letztlich auf die Shoa hinauslaufende Verfolgung von Jüdinnen und Juden durch die Nationalsozialisten wandte sich die „Schwedische Israelmission" von ihrer ursprünglichen Aufgabe der Judenmission ab und wurde zu einer Pioniereinrichtung für den christlich-jüdischen Dialog.

Vielleicht waren es diese gute Erfahrungen mit Schweden, die den Wiener Walter Niemetz in den 1930er-Jahren dazu brachte, seine Kreation nach ihnen zu benennen? Die Firma Niemetz wurde 1890 gegründet und ist bis heute ein traditions- und qualitätsbewusster Familienbetrieb mit Niederlassungen in Deutschland und den USA. Die Schwedenbomben gehören neben „Swedy" und „Manja" zu den bekanntesten Produkten des Unternehmens. Das besondere an ihnen ist – im Unterschied zu ähnlichen Süßigkeiten von anderswo –, dass sie ausnehmend leicht und kalorienarm sind, zudem genau in der richtigen Größe, damit sie schnell genossen werden können, ohne dass man sie im Ganzen in den Mund stecken müsste. Es geht sich mit einmal Abbeißen aus. So gestaltet sich der Verzehr einfach, kompliziert wird es, weil es die Schwedenbombe in zwei Varianten gibt, einmal mit

Kokos bestreut, einmal ohne. In der handelsüblichen Sechserpackung sind genau drei weiße und drei schwarze Schwedenbomben. Wenn da geteilt werden muss und zwei Genießer dieselbe Vorliebe haben, kann sich ein veritabler Streit entzünden!

Freilich steckt hinter den Schwedenbomben mehr. Sie sind ein kulinarischer Beweis für die Möglichkeit der Konversion von Rüstungsgütern. Nicht zufällig erinnert die Konversion, die Um- und Entrüstung an die Bekehrung im Glaubensleben. Dass „Schwerter zu Pflugscharen" und „Spieße zu Rebmessern" umgeschmiedet werden, gehört zu den stärksten Bildern der biblischen Friedenverheißung. Gemeint ist damit zuerst die Beendigung von Gewalt. Aber das biblische Verständnis bleibt nicht bei einem negativen Friedensbegriff stehen. Der Schalom meint das umfassende Heil-Sein, also auch ein Leben in Sicherheit, ein Leben auf der Basis unveräußerlicher Rechte, ein Leben in Würde ohne die dauernde Demütigung durch Armut. Diese Botschaft vom Schalom findet sich bei den Propheten und dann bei Jesus von Nazaret, sie hat im Laufe der Geschichte immer wieder Menschen ermutigt, für den Frieden einzutreten und jede Form von Gewalt zu überwinden. Als Dietrich Bonhoeffer 1934 zu einem umfassenden „Konzil des Friedens" aufrief, verhallte der Ruf noch ungehört. Nach dem Zweiten Weltkrieg, mit verursacht durch die Bedrohung von Massenvernichtungsmitteln, wurden die Kirchen in ihrem Einsatz für den Frieden und in der Ablehnung

von Krieg und Gewalt immer deutlicher. In einem konziliaren Prozess setzen sich die Kirchen ein für Gerechtigkeit, Frieden und die Bewahrung der Schöpfung. An die Stelle der durch Jahrhunderte üblichen „Lehre vom gerechten Krieg" verständigen sich die Kirchen auf der Welt heute über einen „gerechten Frieden", der die Anwendung von militärischer Gewalt höchstens als letztes Mittel in sehr begrenztem Rahmen und unter strengen Bedingungen für zulässig hält. Auf keinen Fall – darin ist sich die Christenheit einig – darf Gewalt religiös legitimiert werden. Im Namen Gottes gibt es nur den Frieden.
Ganz in dieser biblischen Schalomtradition kann es heißen: Wenn schon Bomben, dann Schwedenbomben!

Jesaja 2,2-5: Es wird zur letzten Zeit der Berg, da des HERRN Haus ist, fest stehen, höher als alle Berge und über alle Hügel erhaben, und alle Heiden werden herzulaufen, und viele Völker werden hingehen und sagen: Kommt, lasst uns auf den Berg des HERRN gehen, zum Hause des Gottes Jakobs, dass er uns lehre seine Wege und wir wandeln auf seinen Steigen! Denn von Zion wird Weisung ausgehen und des HERRN Wort von Jerusalem. Und er wird richten unter den Heiden und zurechtweisen viele Völker. Da werden sie ihre Schwerter zu Pflugscharen und ihre Spieße zu Sicheln machen. Denn es wird kein Volk wider das andere das Schwert erheben, und sie werden hinfort nicht mehr lernen, Krieg zu führen. Kommt nun, ihr vom Hause Jakob, lasst uns wandeln im Licht des HERRN!

Blaschke Kokoskuppel

Sehnsucht nach der Ferne und das Daheim Sein

Es kommt der Tag, da will man in die Fremde.
Dort wo man lebt, scheint alles viel zu klein.
Es kommt der Tag, da zieht man in die Fremde,
und fragt nicht lang, wie wird die Zukunft sein.

So beginnt der von Freddy Quinn gesungene Schlager „Unter fremden Sternen", einer seiner zehn Nummer-1-Hits in den frühen 1960er Jahren. Rund vierzig Jahre früher erfindet ein kreativer Konditor namens Johannes Blaschke aus Traiskirchen in Niederösterreich die Kokoskuppel. Für die 1902 gegründete kleine Konditorei wird die Kokoskuppel zum Verkaufsschlager. Heute noch stellt sie immerhin unter rund 200 Produkten des Unternehmens das starke Standbein dar, das in alle Welt exportiert wird.

Blaschke Kokoskuppeln sind eine Komposition aus Waffel, Kakaocreme und Kokos, das Ganze getunkt in Schokolade. Waffeln, Kakaocreme und Schokolade wecken noch kein Fernweh. Erst der typische Geschmack von Kokos lässt von der Südsee träumen. Die Kokospalme stammt aus Malaysia und verbreitete sich zuerst in den tropischen Gegenden Asiens. Die Spanier brachten sie auch in die Neue Welt. Mittlerweile steht die Kokospalme für das vertraute Bild tropischer Strände. Wie in so manchen Süßigkeiten erweckt die Verwendung von Kokos Assoziationen zu fernen Weltgegenden. Die Rum-Kokos-Dragees von Casali lassen an die Karibik denken, der Schokoriegel mit dem Namen Bounty erinnert nicht zufällig an die berühmte Meuterei auf dem gleichnamigen Schiff, die sich im Pazifik zugetragen hat.

Freddys Lieder vom Meer, Seeleuten und fremden Ländern spiegeln die aufbrechende Reiselust der deutschen Wirtschaftswunderzeit. Wenn es schon nicht gleich möglich war, selbst an die Traumziele zu gelangen, so konnte man sich zumindest ersatzweise die große fremde Welt auf den Teller holen. Hawaiischnitzel mit Ananas, Bananenmilch, Orangensaft und eben Kokos.

Dieses Gefühl, in der eigenen Heimat fremd zu sein, gehört zum Christentum von Anfang an dazu. Schon Jesus selbst galt nichts in seiner Heimatstadt Nazaret (Lk 4,24), er hatte keinen Ort, wo er zu Hause war (Mt 8,20), sein Königreich ist nicht von dieser Welt (Joh 18,36). Beim Apostel Paulus wird das fortgeführt, der Gemeinde in Philippi ruft er in Erinnerung, dass die

Christenleute ihr Bürgerrecht im Himmel haben (Phil 3,20). Hier auf Erden leben sie wie die Fremdlinge ohne Bürgerrecht. Daher sollen sie sich nicht auf Dauer einrichten in der Welt, sie sind quasi nur auf Durchreise. In der frühchristlichen Schrift *An Diognet*, die wahrscheinlich am Ende des 2. Jahrhunderts in Alexandrien entstand, wird beinahe wie in einer Formel über die Christenleute gesagt: „Jede Fremde ist ihnen Heimat und jede Heimat ist ihnen Fremde." (Diogn. 5,5). Auch Augustinus war der Meinung, dass Christen in der *civitas terrena* nur als *avenae*, als Fremde zu Hause sind (De civ. XIX 26) und der griechische Kirchenvater Johannes Chrysostomus schreibt: „Weißt du denn nicht, dass unser gegenwärtiges Leben eine Fremde ist? Bist du denn ein Bürger? Ein Wanderer bist du! Verstehst du, was ich sage? Du bist kein Bürger, sondern ein Wanderer und ein Reisender. Sage nicht: ich habe diese und jene Stadt. Keiner hat eine Stadt. Die Stadt ist oben. Die Gegenwart ist ein Weg." (PG 52,301)

Es ist interessant, dass diese Distanz zur Heimat in der biblischen Überlieferung Hand in Hand geht mit der Aufforderung, Fremde gastfreundlich aufzunehmen und ihnen bestimmte Grundrechte zu garantieren. Das eigene Bewusstsein, fremd zu sein, weckt die Solidarisierung mit den Fremden. So gehören Heimat und Fremde, die sich auf den ersten Blick auszuschließen scheinen, im Inneren doch zusammen. Siegfried Lenz schreibt in *Heimatmuseum*: „Heimat, das ist für

mich nicht allein der Ort, an dem die Toten liegen; es ist der Winkel vielfältiger Geborgenheit, es ist der Platz, an dem man aufgehoben ist, in der Sprache, im Gefühl, ja, selbst im Schweigen aufgehoben, und es ist der Flecken, an dem man wiedererkannt wird; und das möchte doch wohl jeder eines Tages: wiedererkannt, und das heißt: aufgenommen werden ..." Aber so erschließt sich Heimat erst durch die Erfahrung der Fremde. Ist es diese Sehnsucht nach recht verstandener Heimat, die heute so viele Menschen auf die Pilgerwege führt? Als diene jede Reise letztlich nur dazu, anders heimzukommen.
Für den christlichen Glauben geht es aber um mehr. Es geht nicht nur darum, anders heimzukommen, sondern wo anders heimzukommen. Diese dialektische Spannung von Heimat und Fremde prägt die Haltung der Glaubenden. Unübertrefflich dichtet der reformierte Mystiker Gerhard Tersteegen 1738: „Man muss wie Pilger wandeln, frei, bloß, und wahrlich leer; viel sammeln, halten, handeln macht unsern Gang nur schwer. Wer will, der trag sich tot; wir reisen abgeschieden, mit wenigem zufrieden; wir brauchen's nur zur Not."

Die Stärkung auf der Reise und der Vorgeschmack der kommenden Heimat ist das Abendmahl. Schon hier und jetzt schmecken Brot und Wein nach dem Himmel. Da mag die Blaschke Kokoskuppel eine weltliche Schwester der Eucharistie sein. Schmeckt doch auch sie nach der Fremde und dem verheißenen Land, dem

Paradies unter Palmen. Aber wie es einmal ist mit den Dingen der Welt: Sie haben keinen Bestand. Irgendwann ist die vollste Urlaubskasse erschöpft. Irgendwann schlägt selbst das heißeste Fernweh in schlichtes, kindliches Heimweh um. Auch Freddy Quinn unter den fremden Sternen kennt dieses Gefühl:

Aber dann in weiter Ferne,
hab ich Sehnsucht nach zu Haus.
Und ich sag zu Wind und Wolken:
„Nehmt mich mit. Ich tausche gerne
all die vielen fremden Länder
gegen eine Heimfahrt aus!“

Lukas 15,11-32: Und er sprach: Ein Mensch hatte zwei Söhne. Und der jüngere von ihnen sprach zu dem Vater: Gib mir, Vater, das Erbteil, das mir zusteht. Und er teilte Hab und Gut unter sie. Und nicht lange danach sammelte der jüngere Sohn alles zusammen und zog in ein fernes Land; und dort brachte er sein Erbteil durch mit Prassen. Als er nun all das Seine verbraucht hatte, kam eine große Hungersnot über jenes Land und er fing an zu darben und ging hin und hängte sich an einen Bürger jenes Landes; der schickte ihn auf seinen Acker, die Säue zu hüten. Und er begehrte, seinen Bauch zu füllen mit den Schoten, die die Säue fraßen; und niemand gab sie ihm. Da ging er in sich und sprach: Wie viele Tagelöhner hat mein Vater, die Brot in Fülle haben, und ich verderbe hier im Hunger! Ich will mich aufmachen und zu meinem Vater gehen und zu ihm sagen: Vater, ich habe gesündigt gegen den Himmel und vor dir. Ich bin hinfort nicht mehr wert, dass ich dein Sohn heiße; mache mich zu einem deiner Tagelöhner! Und er machte sich auf und kam zu seinem Vater. Als er aber noch weit entfernt war, sah ihn sein Vater und es jammerte ihn; er lief und fiel ihm um den Hals und küsste ihn. Der Sohn aber sprach zu ihm: Vater, ich habe gesündigt gegen den Himmel und vor dir; ich bin hinfort nicht mehr wert, dass ich dein Sohn heiße. Aber der Vater sprach zu seinen

Knechten: Bringt schnell das beste Gewand her und zieht es ihm an und gebt ihm einen Ring an seine Hand und Schuhe an seine Füße und bringt das gemästete Kalb und schlachtet's; lasst uns essen und fröhlich sein! Denn dieser mein Sohn war tot und ist wieder lebendig geworden; er war verloren und ist gefunden worden. Und sie fingen an, fröhlich zu sein. Aber der ältere Sohn war auf dem Feld. Und als er nahe zum Hause kam, hörte er Singen und Tanzen und rief zu sich einen der Knechte und fragte, was das wäre. Der aber sagte ihm: Dein Bruder ist gekommen und dein Vater hat das gemästete Kalb geschlachtet, weil er ihn gesund wieder hat. Da wurde er zornig und wollte nicht hineingehen. Da ging sein Vater heraus und bat ihn. Er antwortete aber und sprach zu seinem Vater: Siehe, so viele Jahre diene ich dir und habe dein Gebot noch nie übertreten, und du hast mir nie einen Bock gegeben, dass ich mit meinen Freunden fröhlich gewesen wäre. Nun aber, da dieser dein Sohn gekommen ist, der dein Hab und Gut mit Huren verprasst hat, hast du ihm das gemästete Kalb geschlachtet. Er aber sprach zu ihm: Mein Sohn, du bist allezeit bei mir und alles, was mein ist, das ist dein. Du solltest aber fröhlich und guten Mutes sein; denn dieser dein Bruder war tot und ist wieder lebendig geworden, er war verloren und ist wiedergefunden.

Papstschokolade

Süßes von der Bachalm

Als die Schokolade im 16. Jahrhundert im Zuge der Eroberung Lateinamerikas nach Europa kam, stellte sie auch die Päpste vor einige Herausforderungen. Schokolade wurde, dem Brauch der Herkunftskulturen entsprechend, als Flüssigkeit genossen. Aber ein Getränk wie alle anderen war sie bestimmt nicht, deshalb entstand ein Streit, ob Schokolade in der Fastenzeit erlaubt sei oder nicht. Wie so oft standen sich Dominikaner und Jesuiten gegenüber. Eine Einigung war nicht in Sicht und die Auseinandersetzung zog sich jahrelang hin, so dass einige Päpste in den Genuss kamen, sich mit Schokolade zu beschäftigen. Der mexikanische Schokoladenstreit nahm inzwischen an Heftigkeit zu, angeblich soll sogar ein besonders genussfeindlicher Bischof, Bernardo de Salazar, auf Anstiftung von schokoladesüchtigen Damen ermordet worden sein. Eine Entscheidung musste her! 1569 war es dann soweit: Papst Pius V., mitten in den Vorbereitungen eines Kreuzzugs gegen die Türken, bekam zum Kosten eine Tasse Schokolade gereicht. Mit skeptischem Blick nahm er einen Schluck und rief aus: „Dieses Zeug bricht kein Fastengebot!" Die schokoladesüchtigen Damen und Herren in Mexiko konnten also brave Kinder der Mutter Kirche bleiben.

Ob es diese Geschichte ist, die den Tiroler Konditor Johannes F. Bachhalm bewogen hat, eine eigene Papstschokolade zu kreieren? Sie trägt den Produktnamen „Zartbitter Weihrauch" und wird auch an den Vatikan geliefert. Im Grunde klingt es einfach und wenig überraschend: Eine zartbittere Schokolade mit mindestens 73% Kakaoanteil wird mit etwas Weihrauchöl vermischt und mit aus dem Oman stammendem weißem Weihrauch bestreut. So soll ein „christlich orientalisches Geschmackserlebnis" gewährleistet sein, wofür schon allein die Tatsache spricht, dass Johannes Bachhalm seit 2009 Träger des „Superior Taste Award" ist und damit zu den Spitzenchocolatiers Europas zählt.

Freilich hat ihn wohl die Papstwahl im Jahr 2005 angeregt, diese außergewöhnliche Schokolade zu machen. So wie viele andere, die Tatsache, dass ein Sohn der kleinen Gemeinde Marktl am Inn zum Papst Benedikt XVI. gewählt worden war. Als erstes gab es das „Papstbier", dann ein eigenes „Vatikanbrot", für einige Zeit sogar Bratwürstel, die „Papststäbe" hießen und einen eigenen „Papstsenf". Da passt eine Papstschokolade gut dazu.
Während die Berliner „Tageszeitung" 2005 auf die

Papstwahl eher skeptisch mit der Schlagzeile „Oh, mein Gott!" reagierte, titelte die BILD-Zeitung bekanntlich „Wir sind Papst!". Das deutsche Boulevardblatt wollte wohl nur den nationalen Stolz ansprechen, ohne zu wissen, dass mit dieser Schlagzeile eine alte Einsicht des evangelischen Verständnisses vom Priestertum aller Gläubigen angesprochen wurde, denn „alles, was aus der Taufe kriecht" – so Martin Luther – „ist Priester, Bischof, Papst". Damit ist schon angedeutet, dass das evangelische Verständnis des Papstamtes auf dem Hintergrund eines sehr unterschiedlichen Amts- und Kirchenverständnisses zu sehen ist.

Als Martin Luther 1520 in seiner Schrift *Von dem Papsttum zu Rom* die These aufstellte, dass das Papstamt nicht auf göttliches Recht (*iure divino*), sondern nur auf menschliches Recht (*iure humano*) zurückgeführt werden kann, war der Kern der Kritik am Papstamt aus evangelischer Sicht benannt. Sie bezieht sich auf das Verständnis und die Ausübung des Amtes, insbesondere im Sinne einer Statthalterschaft für Christus, die sich seit Gregor VII. und Bonifaz VIII. herausgebildet hatten und die später im I. Vatikanum dogmatisiert wurden. Luther meinte, dass „...die heilige christliche Kirche ohn solch Haupt wohl bleiben kann und wohl besser blieben wäre". Kirchenleitung geschieht für Luther in Kollegialität der Bischöfe unter dem einzigen Haupt der Kirche, das ist allein Jesus Christus. „Darum kann die Kirche nimmermehr besser regiert und erhalten werden, denn dass wir alle unter einem Haupt Christo leben und die Bischöfe alle gleich nach dem Amt fleißig zusammenhalten in einträchtiger Lehre, Glauben, Sakramenten, Gebeten und Werken der Liebe." Ganz ähnlich sieht es auch die reformierte Tradition. In der *Confessio Helvetica Posterior* (Artikel XVII) von 1563 heißt es: „Wir billigen deshalb nicht die Lehre des römischen Klerus, der seinen römischen Papst zum allgemeinen Hirten und Oberhaupt, ja sogar zum Statthalter Christi ... macht. Wir lehren nämlich, dass Christus der Herr sei und der einzige Oberhirte."

Unterstützt wird die evangelische Kritik am Papstamt durch die Zweifel an der biblischen Begründung. Die Exegese – katholisch wie evangelisch – ist sich heute weitgehend einig, dass aus den klassischen Belegstellen der Evangelien (Matthäus 16,17-19; Lukas 22,3-4 und Johannes 21,15-23) das Papstamt nicht direkt abgeleitet werden kann. Zugespitzt formuliert: Petrus war kein Papst.

Seit einiger Zeit ist das Papstamt ins Zentrum ökumenischer Dialoge gerückt. Paul VI. hat 1967 selbst behauptet: „Der Papst, wir wissen es, ist zweifelsohne das größte Hindernis auf dem Weg der Ökumene", und Johannes Paul II. hat in seiner Ökumene-Enzyklika *Ut unum sint* von 1995 seine besondere Verantwortung unterstrichen, „wenn ich die ökumenische Sehnsucht der meisten christlichen Gemeinschaften feststelle und die an mich gerichtete Bitte vernehme, eine Form der Primatsausübung zu finden, die zwar keineswegs auf das Wesentliche ihrer Sendung verzichtet, sich aber einer neuen Situation öffnet".

Das Papstamt in seiner jetzigen Form kann von Evangelischen nicht akzeptiert werden. Aber wenn es schon keine Gemeinschaft mit Rom *unter* dem Papst geben kann, wäre nicht doch eine Gemeinschaft *mit* dem Papst möglich, wenn das Papstamt verstanden wird als gesamtkirchlicher Petrusdienst und Garant der sichtbaren Einheit der Kirche? Auf diese Frage kann wohl erst dann eine Antwort gegeben werden, wenn es klarere Vorstellungen gibt, was unter sichtbarer Einheit zu verstehen ist. Auf dem Weg dahin braucht es einen ökumenischen Dialog, der die jeweiligen Profile klar zeichnet. Damit sind auch die Unterschiede, vor allem im Verständnis von Kirche und Kirchengemeinschaft, auf dem Tisch. Sie sind bestimmt nicht unüberwindlich, aber aus heutiger Sicht doch so tief greifend, dass es illusionär wäre, auf eine schnelle Verständigung zu hoffen. Es bleibt beharrliches Weiterarbeiten und gemeinsames unterwegs Bleiben auf dem Weg der Ökumene. Da kann dann und wann eine mit Schokolade versüßte Atempause sehr hilfreich sein.

Epheser 4,7-16: Aber jeder von uns empfing die Gnade in dem Maß, wie Christus sie ihm geschenkt hat. Deshalb heißt es: Er stieg hinauf zur Höhe und erbeutete Gefangene, er gab den Menschen Geschenke. Wenn er aber hinaufstieg, was bedeutet dies anderes, als dass er auch zur Erde herabstieg? Derselbe, der herabstieg, ist auch hinaufgestiegen bis zum höchsten Himmel, um das All zu beherrschen. Und er gab den einen das Apostelamt, andere setzte er als Propheten ein, andere als Evangelisten, andere als Hirten und Lehrer, um die Heiligen für die Erfüllung ihres Dienstes zu rüsten, für den Aufbau des Leibes Christi. So sollen wir alle zur Einheit im Glauben und in der Erkenntnis des Sohnes Gottes gelangen, damit wir zum vollkommenen Menschen werden und Christus in seiner vollendeten Gestalt darstellen. Wir sollen nicht mehr unmündige Kinder sein, ein Spiel der Wellen, hin und her getrieben von jedem Widerstreit der Meinungen, dem Betrug der Menschen ausgeliefert, der Verschlagenheit, die in die Irre führt. Wir wollen uns, von der Liebe geleitet, an die Wahrheit halten und in allem wachsen, bis wir ihn erreicht haben. Er, Christus, ist das Haupt. Durch ihn wird der ganze Leib zusammengefügt und gefestigt in jedem einzelnen Gelenk. Jedes trägt mit der Kraft, die ihm zugemessen ist. So wächst der Leib und wird in Liebe aufgebaut.

Auer Baumstämme

Im ewigen Wald der süßen Waffel

Es ist wahr, solche Süßigkeiten gibt es viele: Waffeln, die mit einer Creme gefüllt sind. Auers Baumstämme – der Stammsitz des Unternehmens ist Spillern bei Stockerau, unweit von Wien – sind zuerst einmal auch nichts anderes als solche Waffeln, in diesem Fall gefüllt mit Kakaocreme. Aber gleichzeitig fällt die süße Spezialität von Auer auf, ist anders als die anderen: Denn wer kommt schon auf die Idee, die Waffeln in Form halbierter Zylinder herzustellen und sie dann „Baumstämme" zu nennen? Warum sind die Dinger nicht viereckig oder rund? Und wieso tragen sie diesen Namen?

Freilich, der Baum ist ein uraltes und weit verbreitetes Symbol. Das Verwurzeltsein in der Erde, der mächtige Stamm, die weit ausladenden Äste und die Krone, die bis an den Himmel reicht, gaben und geben genug Anlass zu tiefsinnigen Deutungen, die meist den Baum in Analogie zu den Menschen setzen. Wie der Baum ist auch der Mensch zwischen Himmel und Erde ausgespannt, gleichsam ein „Wesen zweier Welten". So wundert es nicht, dass es die Vorstellung gibt, im Mittelpunkt der Welt stehe ein Baum, die germanische Weltesche Yggdrasil zum Beispiel, oder dass es besondere Bäume gibt, die für den Menschen tabu sind, oder ganz allgemein die Meinung, manche Bäume seien heilig. Eine besondere Beziehung gibt es zwischen Maria und den Bäumen, nicht selten wurde die Gottesmutter selbst als „Lebensbaum" bezeichnet. Manche Namen von Wallfahrtsorten weisen noch darauf hin, da gibt es Maria Dreieichen im niederösterreichischen Waldviertel oder Maria Linden in Ottersweier in Baden. Dass das Kreuz Jesu der wahre Lebensbaum ist, der Baum des Paradieses, ist in der christlichen Tradition tief verankert. Ein evangelisches Passionslied aus Ungarn aus dem Jahr 1641 besingt die erlösende Wirkung des Kreuzestodes Jesu. Es beginnt mit den Worten: „Du schöner Lebensbaum des Paradieses, gütiger Jesus, Gottes Lamm auf Erden."

Aber wenn wir mit dem Geschmack von Auer Baumstämmen am Gaumen in diese Richtung denken sollten, müsste die Leckerei doch rund sein. Aber das ist sie nicht, vielmehr haben wir den halbierten, im Sägewerk bereits bearbeiteten Baumstamm vor uns. In den Auer Baumstämmen begegnet den Naschkatzen die Wald- und Forstwirtschaft in Süßwarengestalt. Nun ist der Forstwirtschaft eine Idee zu verdanken, die die gesamte heutige ökologische Diskussion bestimmt. Diese Idee wurde auf den Begriff gebracht, nämlich den der Nachhaltigkeit. Der Begriff wird gewöhnlich auf den kursächsischen Oberberghauptmann Hans Carl von Carlowitz zurückgeführt, der in seiner Sylvicultura Oeconomica von 1713 schreibt: „Wird derhalben die größte Kunst/Wissenschaft/Fleiß und Einrichtung hiesiger Lande darinnen beruhen / wie eine sothane *Conservation* und Anbau des Holtzes anzustellen / dass es eine *continuier*liche beständige und nachhaltende Nutzung gebe / weiln es eine unentbehrliche Sache ist / ohne welche das Land in seinem Esse nicht bleiben mag." Seitdem bedeutet Nachhaltigkeit die Bewirtschaftung des Waldes in einer Weise, die stets zumindest soviel Holz nachwachsen lässt, wie aus dem Forst geschlagen wird. Mancherorts wird die Vorstellung verdichtet zur Rede vom „ewigen Wald", den Gott selbst so geschaffen haben soll. Ewig deshalb, weil „ehe der alte ausgehet, der junge bereits wieder zum verhackhen hergewaxen ist".

Es überrascht nicht, dass die Idee zuerst in Sachsen auftaucht. Es war gerade der intensive Bergbau, der in großem Maßstab zum Abholzen der Wälder beitrug. Die Hochblüte des Bergbaus, insbesondere des Silberabbaus, in Europa, von Schneeberg in Sachsen über Joachimsthal in Böhmen bis nach Hall in Tirol, brachte eine massive ökologische Krise mit sich. Darf sich der Mensch einfach aneignen, was er vorfindet und was ihm nicht gehört? Mit der intensiven und rücksichtslosen Ausbeutung der natürlichen Ressourcen regt sich auch erster radikaler „grüner" Protest. 1492, im Jahr, mit dem die schonungslose und brutale Ausbeutung Amerikas beginnen sollte, veröffentlich der frühe Humanist Paul Schneevogel (latinisiert nannte er sich Niavis) sein *Gericht Jupiters, gehalten im Tal der Schönheit,* in dem er eine bittere Anklage der „Mutter Erde" an ihre Kinder richtet, die ohne Respekt in ihren Eingeweiden wühlen und ihre natürlichen Ressourcen vernutzen. Für Niavis ist die Erde die *sustentatrix*, immer wieder verwendet er in seiner Kampfschrift die Begriffe *sustentare* und *conservare*. Bis heute ist ökologisches Denken und Handeln von *sustainability* und *conservation* geprägt. Mit der UNO-Konferenz für Umwelt und Entwicklung 1992 in Rio de Janeiro ist der Begriff der Nachhaltigkeit auf der Ebene der Weltpolitik angekommen. *Sustainability* ist damit zum Leitbegriff einer zukunftsfähigen Politik geworden.

Für christliches Denken ist damit die Verpflichtung zur Bewahrung der Schöpfung angesprochen. Im Sozialwort des Ökumenischen Rates der Kirchen in Österreich heißt es: „Die Erfahrung mit Reichtum und Schönheit der Natur, aber auch mit den Folgen ihrer Ausbeutung und Zerstörung lässt uns Menschen die Verantwortung für die Schöpfung bewusst werden. Die Schöpfung ist den Menschen anvertraut. Geschaffen nach Gottes Bild und selbst Teil der Schöpfung, ist der Mensch nicht Herrscher, sondern Verwalter und Diener der Schöpfung. Seine Verantwortung liegt darin, die Schöpfung zu achten und zu bewahren, auch für künftige Generationen." Aus der Orthodoxie hat die Ökumene den Schöpfungstag übernommen, und die Kirchen gestalten jedes Jahr von 1. September bis zum Erntedank Anfang Oktober eine „Schöpfungszeit". Sie feiern gemeinsam die Güte des Geschaffenen und bedenken die Verpflichtung des Menschen, achtsam damit umzugehen. Was es braucht, ist bekannt: Ein drastisches Energiesparen, den Umstieg auf erneuerbare Energie, fairen Handel, Schutz der Diversität des Lebendigen. Im veränderten Konsumverhalten kann jeder und jede einen wesentlichen Beitrag dazu leisten. Vielleicht eignen sich die Auer Baumstämme im Einkaufswagen als süße Gedächtnisstütze dafür?

Mezzi Sidiwibrin (Mechthild Seidenweber)

Wie süß ihr Leben war, das kann man nicht in Worte bringen. Nur so viel, dass ihr Mund von süßen Worten überfloss, ihre Augen ergossen beständig die süßen Liebestränen, und mit Worten und mit Wandel tat sie ganz als wäre niemand denn sie und Gott. Zuweilen sprach sie vor großer Liebe: „Herr, wärst du Mezzi Sidiwibirin und wäre ich Gott, so wollte ich dich doch Gott sein lassen und wollte Mezzi Sidiwibirn bleiben."

Aus Elsbet Stagels Schwesternbuch aus dem Kloster Töss bei Winterthur (13. und 14. Jahrhundert)

Grazer Uhrturmtaler

Die Zeit, die ist ein sonderbar Ding!

„Die Zeit, die ist ein sonderbar Ding. Wenn man so hinlebt, ist sie rein gar nichts. Aber dann auf einmal, da spürt man nichts als sie. Sie ist um uns herum, sie ist auch in uns drinnen. In den Gesichtern rieselt sie, im Spiegel da rieselt sie. In meinen Schläfen fließt sie. Und zwischen mir und dir da fließt sie wieder, lautlos, wie eine Sanduhr... Manchmal hör' ich sie fließen – unaufhaltsam. Manchmal steh' ich auf mitten in der Nacht und lass' die Uhren alle, alle steh'n." So die Marschallin im *Rosenkavalier* von Richard Strauss und Hugo von Hofmannsthal. In zwei Formen stellt sich ihr die vergehende Zeit dar, einmal ist es die Sanduhr, in der die Zeit verrinnt. Seit dem späten Mittelalter begegnet die Sanduhr als Bild für das vergehende Leben des einzelnen Menschen. Aber die Marschallin spricht auch die mechanischen Uhren an, die sie „alle, alle" anhält und stehen lässt.

Mechanische Uhren begegnen zum ersten Mal im 14. Jahrhundert. Sie suggerieren nicht die stetig vergehende Zeit wie bei der Sanduhr, sondern die scheinbar ewig weiterlaufende Zeit im immer gleichen Takt. Zeit verrinnt nicht, Zeit vertickt. Solche Uhren wurden im Zentrum der frühneuzeitlichen Städte aufgestellt und dienten wohl – so Marianne Gronemeyer – als Symbol der Herrschaft. Wer die Zeit beherrscht, zeigt damit auch die Herrschaft über das Maß, den Rhythmus, den Takt der Menschen an.

Ein solches politisches Zeitmonument ist auch der Grazer Uhrturm, der seine bekannte Form im 16. Jahrhundert erhalten hat, just zu der Zeit, als Graz eines der Zentren des evangelischen Kirchen- und Schullebens wurde. In einer kleinen runden Vedoute ragt er aus grünenden Bäumen hervor, zu seinen Füßen müßig spazieren gehende Menschen, zu zweit und allein – so ziert er eine typisch österreichische Schokoladenascherei der Confiserie Heindl. Die Firma Heindl ist ein Familienunternehmen, das 1953 gegründet wurde. Sie ist im 23. Wiener Bezirk beheimatet und hat ein österreichweites Netz an Filialen, darunter auch einen Laden am Stephansplatz in Wien. Am Firmenstandort betreibt Heindl seit 2001 das Erste Wiener Schokolademuseum.

Die Confiserie Heindl hat gleich mehrere Taler im Sortiment, da gibt es einmal die „Sissi Taler", dann die „Johann Strauß Taler" und schließlich die „Grazer Uhrturm Taler". Eignet sich die Form der Münze besonders gut für Süßigkeiten? Das wird nicht nur praktische Gründe der Herstellung haben, es gibt ja sogar Münznachbildungen in Schokolade. Und wie steht es mit dem Zusammenhang von Zeit und Geld und Süßigkeit, ein Zusammenhang, für den der Grazer Uhrturm Taler steht?

Mit der mechanischen Uhr vor Augen und der verstreichenden Lebenszeit im Glas der Sanduhr im Sinn begann in der europäischen Geschichte eine radikale Beschleunigung des Lebens. Weil die Zeit so knapp ist und weil sie – immer im Rückblick gesehen – so schnell vergeht, muss alles ausgefüllt sein, in immer kleinere Häppchen unterteilt. Wenn die Zeitintervalle immer kleiner werden, kann der trügerische Eindruck erweckt werden, als wäre dann mehr an Aktivität, mehr an Leben möglich. Zeit wird geldwertig, Zeit vergeuden ist out, Zeit sparen ist in. Angesagt ist Zeitmanagement, effizienter Umgang mit der Ressource Zeit, als wäre sie in der Tat ein „sonderbar Ding", das der Mensch in Händen hält, das er einteilen, verwalten, ausgeben kann wie Geld. Nur vermehren tut sie sich halt nicht. Der Wiener Kabarettist Werner Brix hat das in einem seiner Programme auf die Schaufel genommen und beschreibt, was alles „getimed" ist, vom Frühstücksei bis zum Videorecorder, vom Job bis zum Freizeitsport. Nicht einmal die Beziehungen bleiben davon verschont. In Afrika wird das so auf den Punkt gebracht: „Europäer haben Uhren, Afrikaner haben Zeit."

Die Zeit ist keine dem Menschen zur Verfügung stehende Materie. Sie ist ein Geschöpf Gottes. Der

Kirchenvater Augustinus hat in seinen *Bekenntnissen* den Überlegungen zur Zeit ein eigenes Buch gewidmet. Er setzt mit der eigenen Ratlosigkeit ein: „Was ist also Zeit? Wenn mich niemand danach fragt, weiß ich es; will ich einem Fragenden es erklären, weiß ich es nicht.“ (Conf. 14,17). Der Schlüssel zum Verständnis liegt für ihn darin, dass die Schöpfung nicht in der Zeit geschehen ist, sondern mit der Zeit. Mit den ersten Worten des biblischen Schöpfungsberichtes „Am Anfang“ – *In principio* – wird angedeutet, dass mit der Schöpfung auch die Zeit geschaffen wurde. Zeit ist gekennzeichnet durch Bewegung und Veränderung, beides ist unvereinbar mit der Vorstellung von Ewigkeit. Gott nimmt sich Zeit für die Schöpfung und die Geschöpfe und lässt ihnen Zeit. Der Rhythmus der sieben Tage und der Ruhetag, der Sabbat, als Höhepunkt, als „Krone“ der Schöpfung sind deutliche Hinweise, dass die den Geschöpfen gelassene Zeit nicht nur in immer mehr und schnellerer Aktivität besteht, sondern erst in der Stille, in der Ruhe zur Erfüllung kommt. So weist der Sabbat auf die himmlische Erfüllung hin, auf die die ganze Schöpfung zugeht. Weil Gott der Schöpfer der Zeit ist, kann der Beter in den Psalmen bekennen: „Meine Zeit steht in deinen Händen“ (Psalm 31,16).

Letztlich findet die vom eigenen Altern geängstigte Marschallin im *Rosenkavalier* wieder Halt im Glauben. So beendet sie ihr Nachdenken über die Zeit, dieses „sonderbar Ding“, mit folgenden Worten: „Allein man muss sich auch vor ihr nicht fürchten. Auch sie ist ein

Geschöpf des Vaters, der uns alle erschaffen hat." Noch einmal Augustinus: „...denn geschaffen hast Du uns zu Dir, und ruhelos ist unser Herz, bis dass es seine Ruhe hat in Dir." (Conf. 1,1)

Der Uhrturmtaler von Heindl, Nougatcrispcreme in Milchschokolade, lässt sich nicht hastig hinunterschlingen. Er muss langsam zergehen und braucht Zeit, um seine Süße und die intensiven Geschmacksstoffe zu entfalten. Die Langsamkeit des Genießens in einer Welt der rasenden Beschleunigung. Für einen Augenblick stehen die Zeiger des Uhrturms still, wie in Erwartung der Zeit, die Gott heraufführt.

Prediger 3,1-15: Ein jegliches hat seine Zeit, und alles Vorhaben unter dem Himmel hat seine Stunde: geboren werden hat seine Zeit, sterben hat seine Zeit; pflanzen hat seine Zeit, ausreißen, was gepflanzt ist, hat seine Zeit; töten hat seine Zeit, heilen hat seine Zeit; abbrechen hat seine Zeit, bauen hat seine Zeit; weinen hat seine Zeit, lachen hat seine Zeit; klagen hat seine Zeit, tanzen hat seine Zeit; Steine wegwerfen hat seine Zeit, Steine sammeln hat seine Zeit; herzen hat seine Zeit, aufhören zu herzen hat seine Zeit; suchen hat seine Zeit, verlieren hat seine Zeit; behalten hat seine Zeit, wegwerfen hat seine Zeit; zerreißen hat seine Zeit, zunähen hat seine Zeit; schweigen hat seine Zeit, reden hat seine Zeit; lieben hat seine Zeit, hassen hat seine Zeit; Streit hat seine Zeit, Friede hat seine Zeit. Man mühe sich ab, wie man will, so hat man keinen Gewinn davon. Ich sah die Arbeit, die Gott den Menschen gegeben hat, dass sie sich damit plagen. Er hat alles schön gemacht zu seiner Zeit, auch hat er die Ewigkeit in ihr Herz gelegt; nur dass der Mensch nicht ergründen kann das Werk, das Gott tut, weder Anfang noch Ende. Da merkte ich, dass es nichts Besseres dabei gibt als fröhlich sein und sich gütlich tun in seinem Leben. Denn ein Mensch, der da isst und trinkt und hat guten Mut bei all seinem Mühen, das ist eine Gabe Gottes. Ich merkte, dass alles, was Gott tut, das besteht für ewig; man kann nichts dazutun noch wegtun. Das alles tut Gott, dass man sich vor ihm fürchten soll. Was geschieht, das ist schon längst gewesen, und was sein wird, ist auch schon längst gewesen; und Gott holt wieder hervor, was vergangen ist.

Pischinger Torte

Der Heurige und die himmlische Eucharistie

Der Name Pischinger ist Wiener Naschkatzen schon seit 1849 ein Begriff. Mit der Erfindung der „Wiener Pischinger Torte" im Jahre 1881, die es auch heute noch in modernisierter Form gibt, wurde das Unternehmen in der ganzen Monarchie bekannt. Durch Verkauf und Neugründungen entstanden ab Anfang des 20. Jahrhunderts zwei Unternehmen, die darum kämpften, die „echte" Firma Pischinger zu sein. Zur Zusammenführung der Firmen Kurt Pischinger und Oscar Pischinger kam es erst in den 1980er-Jahren, als das österreichische Süßwarenunternehmen Victor Schmidt & Söhne beide erwarb. 1995 wurde das Mutterunternehmen verkauft und der Teilbetrieb Pischinger von Herrn Stefan Gaudernak erworben. Pischinger ist zu 100% ein österreichisches Privatunternehmen.

Die Firma wirbt mit ihrer langen Tradition und der hohen Qualität ihrer Produkte, es sind hauptsächlich

Oblaten und Waffelgebäck mit Schokoladencremefüllungen. Das meiste wird ganzjährig angeboten, aber es gibt auch eine eigene Produktreihe für Ostern und für Weihnachten. Auf das Geschäft an den beiden christlichen Hauptfesten kann wohl kein Süßwarenhersteller verzichten.

Nun muss man wissen, Pischinger gibt es nicht überall. Im Unterschied zu anderen typisch österreichischen Süßigkeiten, Mozartkugeln, Hellerzuckerl, Manner Schnitte usw., sind die Pischinger Torte und die Pischinger Tortenecken an ein ganz bestimmtes gastronomisches Ambiente gebunden. Pischinger – um es klar zu sagen – Pischinger gibt es fast nur beim Heurigen, manches aus der Pischinger-Produktpalette führen einige ausgewählte klassische Zuckerlgeschäfte. Aber zum Heurigen gehören sie wirklich hin, in vielen Heurigenlokalen sind Pischinger die einzige Süßigkeit, die man bekommen kann. Es gibt sie in dreierlei Gestalt, immer in Form der runden Torte. Die erste Variante sind bloße Waffeln mit Schokocreme dazwischen, die zweite dasselbe mit Schokoglasur überzogen und dann – die dritte im Bunde – die Pischinger mit Schokoglasur und Mandeln. Für manche einfach die beste.

Was hat die Pischinger mit den Evangelischen zu tun? Die Antwort liegt in der Geschichte. Evangelische Kirche und der Wiener Heurige sind untrennbar mit dem Wirken von Kaiser Josef II. verbunden. Dieser

Sohn der berühmten Maria Theresia, die den Evangelischen, den „halsstarrigen Ketzern", übrigens gar nicht wohlgesonnen war, war ein reformfreudiger Aufklärungsmonarch. Josef II. ist durch manche skurrile Ideen bekannt geworden, wie zum Beispiel den berühmten wieder verwendbaren Sarg, dessen vielleicht letztes Exemplar im Wiener Bestattungsmuseum zu sehen ist. Er hat sich vor allem bei der katholischen Kirche sehr unbeliebt gemacht durch die Aufhebung aller kontemplativen Orden und die Beschlagnahmung ihres Besitzes. Für Evangelische und Heurigenbesucher aber hat sein Name einen uneingeschränkt positiven Klang!

Am 13. Oktober 1781 erließ Josef II. das sogenannte Toleranzpatent, mit dem den Augsburgischen und Helvetischen Religionsverwandten, wie es hieß, oder kurz gesagt den „Akatholischen", das private Religionsexercitium erlaubt wurde. Für je 100 Familien oder 500 Gläubige durften die Akatholiken ein Bethaus und eine Schule errichten, Pfarrer und Lehrer anstellen und ihr Glaubensleben nach evangelischen Grundsätzen einrichten und leben. Es waren immerhin nach fast 200 Jahren der Unterdrückung fast 70 000 Evangelische, die sich in den Grenzen des heutigen Österreich meldeten. In Oberösterreich, Kärnten und Steiermark entstanden Toleranzgemeinden, die bis heute im Leben der Kirche eine wichtige Rolle spielen.

Am 17. August 1784 hat Kaiser Josef II. die rechtliche

Grundlage für den Heurigen durch eine Zirkularverordnung geschaffen. Mit diesem Zirkular erteilte Josef II. die Erlaubnis für jedermann, die von ihm selbst erzeugten Lebensmittel, Wein und Obstmost zu allen Zeiten des Jahres, wie, wann und zu welchem Preise er will, zu verkaufen oder auszuschenken.

Was hat die Pischinger mit dem christlichen Glauben zu tun? Die Antwort verweist auf die Liturgie. Die Pischinger kommt beim Heurigen meist erst dann auf den Tisch, wenn die deftige, pikante Jause abgeräumt ist. Nur noch der Wein steht da (vielleicht auch Wasser). Dann wird die Torte zuerst einmal geteilt. Dies geschieht durch Brechen, nicht durch Schneiden. Jeder und jede bekommt ein Stück. Gemeinsam mit dem Wein ist die Torte eine säkulare Resonanz auf die Feier der Kommunion. Aber in welchem Verständnis? Ich behaupte, die Pischinger beim Heurigen ist ein Echo des evangelischen Abendmahls. Zwei Beobachtungen, die diese Behauptung unterstützen: Alle bekommen Wein, zwar zumeist zuerst den Wein, erst dann das süße Brot, und außerdem meistens auch noch zuviel an Wein, aber immerhin. Und dann: es gibt keinen Priester, alle sind füreinander und für sich in dieser Funktion, also priesterlich tätig. Also, traditionell gesagt, Laienkelch und allgemeines Priestertum, zwei untrügliche Kennzeichen evangelischer Abendmahlsfrömmigkeit. In seltsam verwandelter Form aufgehoben beim Wiener Heurigen.

Ich frage mich, ob es nicht viele solcher Analogien, verwandelte, verfremdete Formen gibt, in denen uns religiöse, christliche und vielleicht sogar typisch evangelische und typisch katholische Traditionen begegnen. Freilich manchmal in ungewohnter Gestalt, gewissermaßen in Verkleidung. Es kann für den christlichen Glauben immer anregend und bereichernd sein, solche Spuren des Göttlichen in ganz säkularem Kontext zu entdecken und ihnen nachzugehen. Religion zeigt sich dabei als die Grundfarbe, die Grundierung vieler Lebensbereiche und der mit Vernunft gelebte Glaube ist die Fähigkeit, das alles einmal wahrzunehmen, dann aber auch kritisch zu bewerten und schließlich das Gute zu behalten.

1.Korinther 11,20-25: Wenn ihr nun zusammenkommt, so hält man da nicht das Abendmahl des Herrn. Denn ein jeder nimmt beim Essen sein eigenes Mahl vorweg und der eine ist hungrig, der andere ist betrunken. Habt ihr denn nicht Häuser, wo ihr essen und trinken könnt? Oder verachtet ihr die Gemeinde Gottes und beschämt die, die nichts haben? Was soll ich euch sagen? Soll ich euch loben? Hierin lobe ich euch nicht. Denn ich habe von dem Herrn empfangen, was ich euch weitergegeben habe: Der Herr Jesus, in der Nacht, da er verraten ward, nahm er das Brot, dankte und brach's und sprach: Das ist mein Leib, der für euch gegeben wird; das tut zu meinem Gedächtnis. Desgleichen nahm er auch den Kelch nach dem Mahl und sprach: Dieser Kelch ist der neue Bund in meinem Blut; das tut, sooft ihr daraus trinkt, zu meinem Gedächtnis.

Granat Pralinen

Im Verborgenen ist der Schatz

In Kärnten gibt es wie in anderen vom Bergbau geprägten Gegenden eine Reihe alter Erzählungen, in denen das Bewusstsein des Menschen zum Ausdruck kommt, dass mit dem Graben nach Schätzen und der zumeist damit verbundenen Zerstörung eine Grenze überschritten wird. Oft sind es Zwerge oder geheimnisvolle Feengestalten, die die Berge und die Bodenschätze vor dem Zugriff des Menschen schützen, Bewahrung und Wissensüberlieferung meist keltischer Traditionen. Umso größer war die Wertschätzung der Erze und Edelsteine, die gleichsam aus dem Schoß der „Mutter Erde" gehoben wurden.
Kärntens Geschichte ist stark vom Bergbau bestimmt. Zu erinnern ist an das Norische Eisen in der Römerzeit, das Gold der Tauern, das Eisen aus der Innerkrems und von Hüttenberg bis hin zum Bleiberger Bergbau und dem Magnesit in Radenthein.

Zwischen dem Bergbau und der Reformation gibt es einen engen Zusammenhang und das nicht nur deshalb, weil Martin Luther aus einer Bergmannsfamilie stammte. Überall, wo der Bergbau im 16. Jahrhundert Einzug hielt, gab es einen hohen Grad an Zuwanderung. Der Abbau und die Verarbeitung von Erzen verlangten ein Spezialwissen, das nur durch die Zuwanderung von auswärtigen Fachleuten, „Schlüsselarbeitskräften" würde man heute sagen, gegeben war. Die Bergleute in Tirol stammten überwiegend aus Sachsen, Meißen und Böhmen, umgekehrt arbeiteten Salzburger Spezialisten in sächsischen Betrieben. Gerade in diesen Kreisen verbreitete sich die Reformation von Anfang an. In Schladming bestellten die Bergleute einen eigenen Prediger namens „Herr Franz", der ihnen das „reine Evangelium" im Sinne der Reformation predigte. Nach seiner Verhaftung wurde er von den Knappen wieder aus dem Gefängnis befreit. Wie sollte die Obrigkeit mit ihnen verfahren? Dem Bestreben, die Ketzerei auszurotten, standen handfeste wirtschaftliche Interessen gegenüber. So dauerte es zum Beispiel in Tirol mehrere Jahre, bis sich der Salzburger Erzbischof gegen die Kammer in Innsbruck durchsetzte und die evangelischen Knappen aus Kitzbühel, Rattenberg, Schwaz, Hall, Imst und anderen Tiroler Orten ausgewiesen wurden. Die letzten mussten 1632 das Land verlassen. So trug der Bergbau in Kärnten und auch in anderen heute österreichischen Gebieten ganz wesentlich zur Verbreitung der Reformation bei.

Neben den Erzen, die sich weiter verarbeiten ließen und ganze Kulturen geprägt haben, waren es immer

schon die besonderen Steine, die vor allem wegen ihrer natürlichen Farbigkeit geschätzt wurden. Ein früher biblischer Beleg dafür ist die Beschreibung des Brustschildes, der für Aaron, den ersten Hohepriester am Heiligtum Gottes angefertigt wurde.
Der Brustschild soll mit vier Reihen von Steinen besetzt werden: „Die erste Reihe sei ein Sarder, ein Topas und ein Smaragd, die andere ein Rubin, ein Saphir und ein Diamant, die dritte ein Lynkurer, ein Achat und ein Amethyst, die vierte ein Türkis, ein Onyx und ein Jaspis; in Goldgeflecht sollen sie gefasst sein. Zwölf sollen es sein in Siegelstecherarbeit nach den Namen der Söhne Israels" (2. Mose 28,17-21).

Mit dem ungebrochenen Reiz der Menschen, Edelsteine aus dem Berg zu gewinnen, hat die Stadtgemeinde Radenthein am Rande der Nockberge eine touristische Idee realisiert, die alle Erwartungen übertroffen hat. In Radenthein entdeckte der Zillertaler Granatwerkbesitzer Josef Hofer um die Mitte des 19. Jahrhunderts ein Vorkommen, das nach dem betreffenden Berg „Laufenberger Granate" genannt wurde. Bis in die Zeit des Zweiten Weltkriegs wurden hier in Schächten und Stollen Granate abgebaut.
Nun wurde diese stillgelegte Bergbauanlage zum Teil wieder in Stand gesetzt, dazu ein Ausstellungsgebäude mit Granatexponaten errichtet und fertig war das „Granatium". Neben der Ausstellung ist es gerade das offene Schürfgelände, das die Menschen, jung wie alt, anzieht. Auch an anderen Orten in Österreich, zum

Beispiel im Ötztal, können Interessierte heute auf eigene Faust Granate finden.

Granate sind äußerst attraktiv und seit der Antike hoch geschätzt. Im Mittelalter wurden sie zu den „Karfunkelsteinen" gezählt. Sie haben eine ganz eigentümliche Kristallform und strahlen in einem typischen Dunkelrot, eine intensive Farbe, die an Blut, Liebe und Leben erinnert. Granate begegnen uns in der Sage vom heiligen Gral, sie gelten als Sinnbilder für die himmlische und die irdische, die göttliche wie die menschliche Liebe. Im Mittelalter manchmal „Blutstropfen Christi" genannt, stehen sie für Liebe und Passion.
Was lag näher, als diesen wunderbaren Stein zum Vorbild zu nehmen für eine besondere süße Leckerei? Aber es brauchte die Kreativität von Emanuel Stadler, dem Besitzer des weithin bekannten „Metzgerwirt" in Radenthein, der Herkömmlichkeit und Regionalität mit den Ansprüchen von heute verbindet. Da gibt es Granatwein und Granatschinken und – darauf soll besonders hingewiesen werden – die Granatpraline. Unter einer zarten Schokoladehülle verbirgt sich eine köstliche, rot wie der Edelstein glänzende Fülle aus Himbeeren und Aquavit.

Gleichsam im Verborgenen ist die überraschende Geschmackskomposition versteckt. Wie die Edelsteine in den Bergen. Wie die Geschichte der Evangelischen in Österreich.

Psalm 139,1-15: HERR, du erforschest mich und kennest mich. Ich sitze oder stehe auf, so weißt du es; du verstehst meine Gedanken von ferne. Ich gehe oder liege, so bist du um mich und siehst alle meine Wege. Denn siehe, es ist kein Wort auf meiner Zunge, das du, HERR, nicht schon wüsstest. Von allen Seiten umgibst du mich und hältst deine Hand über mir. Diese Erkenntnis ist mir zu wunderbar und zu hoch, ich kann sie nicht begreifen. Wohin soll ich gehen vor deinem Geist, und wohin soll ich fliehen vor deinem Angesicht? Führe ich gen Himmel, so bist du da; bettete ich mich bei den Toten, siehe, so bist du auch da. Nähme ich Flügel der Morgenröte und bliebe am äußersten Meer, so würde auch dort deine Hand mich führen und deine Rechte mich halten. Spräche ich: Finsternis möge mich decken und Nacht statt Licht um mich sein -, so wäre auch Finsternis nicht finster bei dir, und die Nacht leuchtete wie der Tag. Finsternis ist wie das Licht. Denn du hast meine Nieren bereitet und hast mich gebildet im Mutterleibe. Ich danke dir dafür, dass ich wunderbar gemacht bin; wunderbar sind deine Werke; das erkennt meine Seele. Es war dir mein Gebein nicht verborgen, als ich im Verborgenen gemacht wurde, als ich gebildet wurde unten in der Erde.

Ischler Lebkuchen

Honig – die Götterspeise

In der mittlerweile unüberschaubar gewordenen Welt der Diäten fällt die „100-Meilen-Diät" auf. Nein, das ist kein vielversprechender Weg zur Traumfigur, sondern eine Verhaltensregel für kritische Konsumenten und Konsumentinnen. „100-Meilen-Diät" bedeutet, nichts zu kaufen, dessen Transportweg bis auf den heimischen Frühstückstisch weiter ist als 100 Meilen. Diese Diät will eine wirksame Korrektur der High-Tech-Landwirtschaft und ihrer schädlichen Auswirkungen sein.

Die 100-Meilen-Diät ist einer von zehn Tipps, wie der Mensch den Bienen helfen kann. Diese Hilfe ist notwendig, denn die Biene, speziell die Honigbiene, ist von einem Massensterben bedroht. Die Ursachen dafür sind nicht restlos aufgeklärt, klar ist aber, dass durch den Bienentod massive Gefahren für die gesamte Ernährung der Menschen drohen. Die Schreckensvision einer Welt ohne Bienen betrifft die Zivilisation insgesamt. Mindestens 90 wichtige Nahrungspflanzen und mit ihnen ein gutes Drittel der menschlichen Nahrung werden nämlich von Bienen bestäubt. Anders gesagt: Ohne Bienen gäbe es keine Äpfel, Birnen, Marillen, Melonen, Broccoli, Knoblauch, Zwiebel, Paprika, Paradeiser und auch keinen Kaffee. Da davon auch ein Großteil der Futterpflanzen betroffen ist, die uns über die Tiere mit Milch, Käse und Fleisch versorgen, ist es nicht übertrieben zu sagen: Die Bienen bringen das Essen auf den Tisch. Unmittelbarer süßer Ausdruck dafür ist der Honig.

Honig liebte schon der Steinzeitmensch. Es gab ja sonst nichts Süßes, der Zucker taucht in der Geschichte viel später auf, von den künstlichen Süßstoffen ganz zu schweigen. Der überwiegende Teil der Menschheitsgeschichte dachte an Honig, wenn von Süßem die Rede war. Dabei ist die Imkerei ebenfalls relativ jungen Datums, die längste Zeit gab es ausschließlich den Honig wilder Bienen, der neben den Heuschrecken als Nahrung des Täufers Johannes aus dem Neuen Testament in die christliche Überlieferung Einzug gefunden hat. Schon dem aus der Sklaverei befreiten Volk Israel schmeckte das wundersame Manna, das Gott Tag für Tag vom Himmel fallen ließ, „wie Semmel mit Honig" (Exodus 16,31). Lebkuchen in der Wüste?
Kein Wunder, dass auch für die Menschen der Bibel Honig etwas Himmlisches war. Wenn schon – wegen des exklusiven Eingottglaubens – keine Speise von Göttern, so doch ein Geschenk Gottes, eine rechte

Himmelsgabe. Deshalb schmeckt auch das Wort Gottes süß, kommt es doch ebenfalls direkt vom Himmel. Süß empfand der Prophet Ezechiel auf der Zunge, als er den Auftrag Gottes befolgte und die Schriftrolle verspeiste (Ezechiel 3,3). Gottes Wort – eine Süßigkeit.

Gemeinsam mit der Milch wurde der Honig zum Symbol für das gelobte Land (Numeri 13,27 u.ö.). Beides – Milch und Honig – sind tierische Lebensmittel, die sich der Mensch aneignen kann, ohne das Tier zu töten. Milch und Honig haben auch einen Verdauungsprozess in der Kuh und der Biene durchlaufen, bevor sie der Mensch genießen kann. Sie sind gleichsam vorgekaut. Deshalb eignen sie sich als Lebensmittel, die an die elementare Form des Genährtwerdens erinnern. Milch und Honig verheißen die Rückkehr in die frühe Kindheit, sie beruhigen die Nerven und stillen die Sehnsucht nach Geborgenheit. Freilich entpuppen sich die regressiven Sehnsüchte dann und wann auch als gefährliche Täuschungen, „Hänsel und Gretel" der Gebrüder Grimm erzählt drastisch, dass hinter der Fassade des Honigkuchenhauses nicht die Geborgenheit der Kindheit auf sie wartete, die sie durch die Unachtsamkeit ihrer Eltern verloren hatten, sondern dass es Lebensgefahr war, die da lauerte. Gemein, aber wahr.

Lebkuchen kannten schon die alten Ägypter. In manchen Gräbern wurde Kuchen gefunden, der mit Honig gesüßt war. Der Name hat nichts mit dem „Leben" zu tun, er stammt nach der einen Theorie vom lateinischen Wort *libum*, das soviel wie „Fladen" oder „Opferkuchen" bedeutet, nach einer anderen Theorie leitet sich der Name vom germanischen Wort „Laib" her. Gemeinsam ist beiden Herleitungen, dass sie von einer fladenförmigen Gestalt des Lebkuchens ausgehen, ähnlich den bekannten Waldviertler Mohnzelten. Daher ist auch der Name „Lebzelter" für die gebräuchlich, die Lebkuchen bereiten.

Der Lebkuchen verbindet. Zuerst einmal geographisch, denn zum Grundrezept gehören bodenständige Zutaten wie Mehl, Eier und der Honig ebenso wie exotische Gewürze wie Zimt, Muskatnuss, Ingwer und Nelken. Als zweites verbindet er die sozialen Gegensätze, war er doch von Anfang an sowohl eine Gabe, die an die Armen, speziell die armen Kinder, verteilt wurde, wie auch ein Huldigungsgeschenk an die höheren Herrschaften der Gesellschaft. Schließlich drittens baut der Lebkuchen zeitliche Brücken. Durch seine lange Haltbarkeit konnte er über Zeiten des Mangels hinweghelfen, als Grabbeigabe sogar über die Mangelzeit schlechthin, nämlich den Tod, bis hinüber in ein jenseitiges Land, in dem Milch und Honig fließen. Diese multiple verbindende Kraft des Lebkuchens macht ihn zum idealen Gebäck der Advents- und Weihnachtszeit. Die Geburt des Mensch gewordenen Gottes in Jesus Christus verbindet ebenfalls arm und reich, Hirten und Könige, nah und fern, die Nachbarn und die Fremden aus Babylon, Diesseits und Jenseits, wenn sich der Himmel über einem Viehunterstand öffnet und die Engel das „Gloria in excelsis" über einem Flüchtlingskind anstimmen. Beim Lebkuchen, der in Bad Ischl von Franz Tausch hergestellt wird, mag zusätzlich eine Verbindung zwischen der Heilkraft des Kurortes mit der Heilkraft des Honigs erschmeckt werden.

Aber: Kein Lebkuchen ohne Honig. Kein Honig ohne Biene. Daher wird die „100-Meilen-Diät" mit den weiteren neun Tipps, wie der Mensch dem Bienensterben entgegenwirken kann, allen dringend empfohlen, denen die verbindende Kraft des Honigkuchens etwas bedeutet.

Exodus 16,13b-18.31: Und am Morgen lag Tau rings um das Lager. Und als der Tau weg war, siehe, da lag's in der Wüste rund und klein wie Reif auf der Erde. Und als es die Israeliten sahen, sprachen sie untereinander: Man hu!? Denn sie wussten nicht, was es war. Mose aber sprach zu ihnen: Es ist das Brot, das euch der HERR zu essen gegeben hat. Das ist's aber, was der HERR geboten hat: Ein jeder sammle, soviel er zum Essen braucht, einen Krug voll für jeden nach der Zahl der Leute in seinem Zelte. Und die Israeliten taten's und sammelten, einer viel, der andere wenig. Aber als man's nachmaß, hatte der nicht darüber, der viel gesammelt hatte, und der nicht darunter, der wenig gesammelt hatte. Jeder hatte gesammelt, soviel er zum Essen brauchte. Und das Haus Israel nannte es Manna. Und es war wie weißer Koriandersamen und hatte einen Geschmack wie Semmel mit Honig.

Gmundner Schwaneneier

Der Gesang des Abschieds

Es ist schon ein beinahe kitschiges Panorama: Im Hintergrund erheben sich schneebedeckt die Gipfel des Dachstein-Massivs und des Toten Gebirges, rechter Hand sanfte, grüne Erhebungen, Wiesen und Wälder, auf der linken Seite schroff und steil der Traunstein und, den Betrachtenden zu Füßen in tiefem Blau, der Traunsee. Das romantische Wasserschloss Ort, wie geschaffen als Schauplatz einer romantischen Fernsehserie, und davor das ganze Seeufer entlang, vor allem aber auf der Seepromenade in Gmunden, unzählige weiße Schwäne.

So gehören die Schwäne zu Gmunden wie die berühmte Keramik mit den unvergleichlichen Designs. Das wird wohl der Grund dafür gewesen sein, dass der Gmundner Konditor Ronald Baumgartner seine süße Hausmarke „Schwaneneier" nennt. Freilich hat er auch andere süße Köstlichkeiten mit Namen, die auf den besonderen Ort hinweisen, im Programm. Da gibt es etwa die Schloß Ort-Trüffel und Traunsee-Forellen. Aus Schokolade naturgemäß.

Von alters her ist der Schwan ein Symboltier. Das bezieht sich auf seine Wandlungsfähigkeit, wird er doch im Laufe seines Lebens vom im wahrsten Sinne „hässlichen Entlein“ des Hans Christian Andersen zum prächtigen, meist strahlend weißen Wasservogel, der schon in seiner ganzen Haltung etwas Majestätisches und Unnahbares verkörpert.

Seit der Antike wird erzählt, dass der Schwan, wenn er seinen Tod herankommen fühlt, einen letzten besonders wehmütigen und klagenden Gesang anstimmt, eben den „Schwanengesang“. Der Mythos erzählt, wie es dazu kam: Der Sage nach wanderte Kyknos in Trauer um seinen verstorbenen Freund Phaeton am Ufer des Flusses Eridanus entlang. Da empfanden die Götter Mitleid mit dem Trauernden und verwandelten ihn in einen Schwan, den sie als Sternbild (Cygnus) an den Himmel setzten. Seitdem fliegt der Schwan in jeder klaren Nacht hoch im Zenit in der Milchstraße mit langgestrecktem Hals und ausgebreiteten Flügeln nach Süden.

Der Schwan steht auch für Jesus Christus, der vor dem Tod am Kreuz in seinen letzten Worten eine Art „Schwanengesang“ hinterlassen haben soll.
„Schwanengesang“ ist auch der Titel eines Liederzyklus von Franz Schubert (D 957), der Texte seiner Zeitgenossen Ludwig Rellstab, Heinrich Heine und Johann Gabriel Seidl vertonte. Zum Titel passend geht es in den Liedern um unerfüllte Liebe, um die Angst des

Kriegers vor der Schlacht, um Flucht und Heimatlosigkeit und ganz allgemein um ein Leben, das sich nicht anders als ein Dauerabschied beschreiben lässt. Das Lied „In der Ferne" beginnt mit folgenden Worten:

„Wehe dem Fliehenden,
Welt hinaus ziehenden!
Fremde durchmessenden,
Heimat vergessenden,
Mutterhaus hassenden,
Freunde verlassenden
Folget kein Segen, ach!
Auf ihren Wegen nach!"

Hier denkt Ludwig Rellstab an den, der freiwillig oder besser: mutwillig die Heimat verlässt. Darauf, so das romantische Zeitgefühl, liegt kein Segen. Aber der Schwanengesang vom Traunsee erinnert auch an viele, die ihre Heimat unfreiwillig verlassen müssen und die ihr Geschick als Verhängnis und Fluch empfinden.

Der Schwanengesang am Traunsee als das Lied derer, die aus ihrer Heimat getrieben wurden, passt auch zu den Evangelischen. Die ersten „Transmigrationen", wie die durchgeführten Deportationen der bekehrungsunwilligen Protestanten von den Habsburgern euphemistisch genannt wurden, nahmen ihren Anfang in der Gegend von Goisern. Im Juni 1734 wurde der erste Transport zusammengestellt. Die Betroffenen wurden auf eigenen Schiffen und Flößen die Traun flussabwärts gebracht, damit sie über Linz und die Donau bis an ihren Bestimmungsort in Siebenbürgen abgeschoben werden konnten. Ihr Weg führte also über den Traunsee, an Schloß Ort, Gmunden und den Schwänen vorbei in eine ungewisse Zukunft ohne Hoffnung auf Heimkehr. Einblick in ihr Schicksal ermöglicht das Evangelische Museum Oberösterreich in Rutzenmoos.

Philipper 2,1-11: Ist nun bei euch Ermahnung in Christus, ist Trost der Liebe, ist Gemeinschaft des Geistes, ist herzliche Liebe und Barmherzigkeit, so macht meine Freude dadurch vollkommen, dass ihr „eines" Sinnes seid, gleiche Liebe habt, einmütig und einträchtig seid. Tut nichts aus Eigennutz oder um eitler Ehre willen, sondern in Demut achte einer den andern höher als sich selbst, und ein jeder sehe nicht auf das Seine, sondern auch auf das, was dem andern dient. Seid so unter euch gesinnt, wie es auch der Gemeinschaft in Christus Jesus entspricht: Er, der in göttlicher Gestalt war, hielt es nicht für einen Raub, Gott gleich zu sein, sondern entäußerte sich selbst und nahm Knechtsgestalt an, ward den Menschen gleich und der Erscheinung nach als Mensch erkannt. Er erniedrigte sich selbst und ward gehorsam bis zum Tode, ja zum Tode am Kreuz. Darum hat ihn auch Gott erhöht und hat ihm den Namen gegeben, der über alle Namen ist, dass in dem Namen Jesu sich beugen sollen aller derer Knie, die im Himmel und auf Erden und unter der Erde sind, und alle Zungen bekennen sollen, dass Jesus Christus der Herr ist, zur Ehre Gottes, des Vaters.

Literatur

Jochen Klepper: *Ziel der Zeit. Die gesammelten Gedichte.* Bielefeld: Luther Verlag 2003.

Mechthild von Magdeburg und Mezzi Swidibirin aus: Peter Sloterdijk (Hg.): *Mystische Weltliteratur.* Gesammelt von Martin Buber. München: Diederichs Verlag 2007.

Martin Luther aus:
Arnulf Zietelmann (Hg.): *Ich, Martin Luther.* Frankfurt/M.: Eichborn Verlag 1982.

Martin H. Jung (Hg.):
Ich rufe zu dir. Gebete des Reformators Philipp Melanchthon. Hamburg: Agentur des Rauen Hauses, Hansisches Druck- und Verlagshaus 2010.

Dank an meine Referentin, Charlotte Matthias, und meinen Lektor, Reinhard Deutsch.

Lektorat: Reinhard Deutsch
Buchgestaltung: Bruno Wegscheider
Produktion: Alfred Hoffmann

Coverfotos: www.original-mozartkugel.com
www.kreuzberg-schwandorf.de

Druck und Bindung:
Druckerei Theiss, St Stefan im Lavanttal